HOLLWECK · MÜNCHEN IN DEN ZWANZIGER JAHREN

LUDWIG HOLLWECK

MÜNCHEN

IN DEN ZWANZIGER JAHREN

ZWISCHEN TRADITION UND FORTSCHRITT

HUGENDUBEL

Ein Vorabdruck von 8 reich illustrierten Aufsätzen,
die in dieses Buch aufgenommen wurden,
erschien 1979 in der Zeitschrift »München Mosaik«;
Chefredakteur Werner Zellner stellte die Filme
mit den Abbildungen zur Verfügung, dafür danken
Verlag und Autor verbindlichst.
Weiter haben wir Dank zu sagen:
dem Münchner Stadtmuseum (Dr. Christoph Stölzl
und Dr. Andreas Ley),
dem Stadtarchiv München (Dr. Richard Bauer),
der Monacensia-Abteilung der Stadtbibliothek
München (Dr. Helmut Hanko),
der Handschriften-Abteilung der Stadtbibliothek
München (Richard Lemp)

Umschlaggestaltung: Dieter Bonhorst, unter Verwendung
des Titelbildes der »Münchner Oktoberfestzeitung«
von Josef Benno Sailer, 1929
Produktion: Tillmann Roeder
Satzherstellung: Fotosatz Otto Gutfreund, Darmstadt
Reproduktion: EKG Reproduktionstechnik, Stuttgart
Druck: Georg Appl, Wemding
Bindung: Werner Müller, Stuttgart

ISBN 3 88034 123 0

Printed in Germany

INHALT

EINLEITUNG

Die *Zwanziger Jahre* oder auch die *Goldenen Zwanziger Jahre* sind ausstellungswürdig geworden. Nach Hannover und Berlin stellte im Sommer 1979 das Münchner Stadtmuseum, auf Initiative und unter Leitung von Christoph Stölzl, *Die Zwanziger Jahre in München* vor.

Mein Buch will aber nun kein Abklatsch dieser interessanten Ausstellung sein. Nicht die *Zwanziger Jahre* stehen im Vordergrund, mich bewegt das Schicksal meiner Vaterstadt in einer harten Zeit.

Als Sohn eines 1924 verstorbenen Arbeiters habe ich in dieser Zeit erfahren müssen, daß Brot gegen Hunger hilft und Leitungswasser gegen Durst. Für den Lehrer einer Volksschule war es unverständlich, daß ein Arbeiterkind eine sogenannte *höhere Schule*, eine Oberrealschule, besuchen sollte, auch wenn die Fähigkeiten dazu vorhanden waren. Die Tränen der Mutter nach der unwürdigen Behandlung durch den »Herrn Lehrer« sehe ich noch heute. Optische Eindrükke, die nicht verblaßten, waren 1919 ein bespanntes Geschütz der *Weißen* in der Gabelsbergerstraße, 1921 die Beisetzung König Ludwigs III. mit dem Umzug der gruseligen Gugelmänner und 1925 die imponierende Gestalt von Oskar von Miller beim Festzug zur Eröffnung des Deutschen Museums. Aber die Not der Zeit war nicht zu übersehen. Die übergroße Zahl der Arbeitslosen fiel im Winter besonders auf. Mit großen Schubkarren wurde der Schnee geräumt, keiner der zumeist jungen Männer fühlte sich entwürdigt, wenn es galt zu arbeiten, die Stadt sauber zu halten. Arbeit war damals immer ehrenhaft. An den Häusern hingen, zumeist zu Semesterbeginn, Schilder mit der Aufschrift *Zimmer zu vermieten*. Das war zusätzlicher Verdienst für bescheidene Hausfrauen in Arbeitervierteln.

Am Ende der zwanziger Jahre genoß ich die Freuden, die das kulturelle München damals zu bieten hatte. Die Schule vermittelte billigste Theaterkarten; im Prinzregententheater begeisterte Schillers *Wilhelm Tell*, die Kammerspiele ermöglichten schon um 1 Reichsmark auf Rang Seite die aktuellste Literatur, unvergeßlich die Aufführung der *Dreigroschenoper*; das Volkstheater mit seinen musikalischen Lustspielen fand begeisterte Besucher am Sonntagnachmittag, Rang Stehplatz um 30 Pfennige. Die Volkssymphonie-Konzerte in der Tonhalle unter Adolf Mennerich vereinten zumeist ein armes, aber interessiertes Publikum.

Mit der Spannkraft der Jugend habe ich die zwanziger Jahre erlebt. Vom *Gold* habe ich nichts verspürt, aber immer gewußt, daß man auf die Vaterstadt München, die Heimat war, stolz sein konnte. Mein Buch soll davon Zeugnis geben. Später dann, als Bibliothekar und langjähriger Leiter der Monacensia-Sammlung der Stadtbibliothek, ging mir manches Buch durch die Hand, das Auskunft gab über diese Zeit und die Zeitgenossen.

Der Schriftsteller Oskar Maria Graf bekennt in seinem Buch *Gelächter von Außen*: »Die Jahre 1926 bis Mitte 1932 waren – abgesehen von der Politik, die damals jedes deutsche Menschenleben immer aufdringlicher beunruhigte – wirklich goldene, oder, sagen wir lieber, gut versilberte Jahre für mich.« Der Maler Alexander Kanoldt, 1924 nach Breslau berufen, wäre auch »ohne Anstellung, unter der Voraussetzung der bittersten Not«, nach München zurückgekehrt. Der große Gelehrte und Arzt Alfred Marchionini, Präsident des 3. Münchner geisteswissenschaftlichen Kongresses *Die zwanziger Jahre*, bedauerte im Vorwort des Kongreßberichts »Die Zeit ohne Eigenschaften« (1960) die »Diffamierung der Politik« und das »Unvermögen, sich mit dem Phänomen der Macht konstruktiv auseinanderzusetzen«. Auf der anderen Seite sahen er und viele Zeitgenossen die zwanziger Jahre als »eine Glanzzeit« an, denn »diese Zeit besaß eine große innere Lebendigkeit, eine Fülle spontan gestellter Probleme, Freude am Experiment und an der Diskussion, fruchtbare Polemik und Begeisterungsfähigkeit für soziale und politische Probleme«.

Diese Sätze des großen Mannes waren für mich der Anlaß, dieses Buch zu schreiben.

München, Dezember 1981

Ludwig Hollweck

DIE STADT UND IHRE MENSCHEN

DIE STADT, »DIE ZU FESSELN VERMAG«

Auf seiner Europareise 1928 besuchte der amerikanische Romancier Thomas Wolfe auch München. Er war von der Stadt so begeistert, daß er in seinem Buch *Geweb und Fels* München mit einem deutschen Paradies verglich. Dabei war er auf der Wies'n in eine gewaltige Rauferei verwickelt worden und mußte in ein Krankenhaus gebracht werden. Aber trotzdem schwärmte er: »Der Bayer ist der nette Kerl der Nation.« In anderen Gegenden Deutschlands erheben die Menschen ihre Augen, wenn man ihnen erzählt, man werde nach München fahren und seufzen vor Entzücken: »Ach, München... ist schön!«

Im Chor der Sänger zum Ruhme der Kunststadt München finden sich viele Künstler und Schriftsteller, fremde, zugereiste und manchmal sogar einheimische. Der Maler Josef Eberz, der 1918 nach München kam, schrieb zwei Jahre später in einer Selbstbiographie: »Seit 1918 lebe ich in München, der Stadt, die trotz allem zu fesseln vermag. Hier überrauschte einen wie Schauer Grünewalds geniales Altarwerk. Höchstes Wunder dieses Einzigen, sei leuchtendes Vorbild unserer gequälten Zeit!« Grünewalds *Isenheimer Altar*, der in der Alten Pinakothek ausgestellt war, hat viele Münchner Künstler angezogen und beeinflußt.

Der Bohèmien und Schriftsteller Roda Roda, der 1921 mit seinem Roman *Schwabylon oder Der sturmfreie Junggeselle* für das Künstlerviertel eine neuen Namen fand, äußerte sich auch über die *Bewohnbarkeit deutscher Städte*. Er wollte Berlin nicht wiedersehen, nicht in Hamburg oder Frankfurt wohnen, wer in Leipzig zur Bleibe verurteilt ist, »geht und entleibt sich«, jedoch: »Du aber, München; Alle Zäune möchte ich mit deinem Lobe betünchen.«

Einen Spaziergang durch München beschrieb Georg Britting 1921 für die Zeitschrift *Die Sichel*. Die Kunst der zwanziger Jahre interessierte ihn: »München träumt, schläft und döst. Aber der englische Garten war im Sommer wundervoll. Das schöne Grün. In der neuen Sezession haben Seewald, Eberz Sinn für die Reize des Vegetativen. Aber wie beschränkt ist ihr Format! Im englischen Garten sitzend könnte man nur Klee anschauen, vielleicht noch Eberz, aber im Isartal, unter blauem Himmel, viel gelber Kies, im Isartal ist nur mehr Klee erträglich...«

»Was nicht im Baedeker steht«, haben Peter Scher und Hermann Sinsheimer 1928 im *Buch von München* notiert: »Vom Umgang mit dem Eingeborenen« können sie berichten: »Der eingeborene Münchner ist das konservativste Lebewesen auf diesem

Gruppenaufnahme aus München. *1. Reihe oben von links nach rechts:* Max Halbe, Oskar von Miller, Ricarda Huch, Gustav Waldau; *2. Reihe:* Hans Knappertsbusch, German Bestelmeyer, Oswald Spengler, Karl Vossler; *3. Reihe:* Thomas Mann. Zeichnung von Herbert Marxen

Planeten. Von Seelenhaltung wehmütig rückwärtsschauend, zuweilen auch mit der Anlage zum Poltern und auf den Tisch hauen ausgestattet, ist er andrerseits einer unzweideutigen Lebensbejahung zugeneigt. Aus dieser zwiespältigen Situation eines sozusagen unwirschen Teilhabens am Geiste der Zeit entspringt jene Eigenart bajuvarischen Wesens, die mit diplomatischer Begabung erfaßt sein will, wenn sie nicht zu einer Kette von Mißverständnissen und zur Trübung eines erbaulichen Eindrucks führen soll. Dem süddeutschen Reisenden wird es natürlich immer wesentlich leichter fallen, das von außen kommende Mißtrauen in der Seele des Eingeborenen zu überwinden.

Besonders Norddeutsche – und von diesen wiederum vor allem solche mit neuamerikanischem Lebensrhythmus – werden bei freundschaftlicher Annäherung Vorsicht walten lassen müssen.«

Der Dichter Hermann Hesse, der als Mitherausgeber der Zeitschrift *März* gute Freunde in München hatte, kam immer wieder in die Stadt. Weil ihm das Lachen »eine sehr begehrenswerte Sache schien«, besuchte er 1924 in den Kammerspielen in der Augustenstraße Karl Valentin und *Die Raubritter vor München*. In dem reizenden Bändchen *Nürnberger Reise* (1927) erzählt der Dichter: »Bis zehn Uhr hatten sie in dem kleinen Theater Strindberg gespielt, und dann kam Valentin an die Reihe. Er spielte mit einer kleinen Truppe *Die Raubritter vor München*, ein wunderbares Stück, eine außerordentliche Viecherei... Manchmal war es auch zum Schluchzen traurig, zum Beispiel, wie er in der kühlen Dämmerung an der Stadtmauer saß, die Ziehharmonika spielte und an sein junges Leben, an den Krieg und Tod denken mußte, oder wenn er lange Zeit nachdenklich von einem Traum erzählte, in dem er eine Ente gewesen war und beinahe einen langen Wurm gefressen hätte. An dieser Stelle war, in simpelster Form, die Unzulänglichkeit des menschlichen Erkenntnisvermögens ergreifend zur Darstellung gebracht. Auch diese tragische Stelle wurde, ebenso wie jene mit der Harmonika, mit brausenden Lachsalven be-

Vignette von Fritz Loehr

grüßt; nie habe ich ein vergnügteres Haus gesehen. Wie gern doch alle Menschen lachen!«

Da er nicht wußte, »ob er in den nächsten Jahren noch die gleiche Meinung haben wird, oder eine solche überhaupt noch haben darf«, erschien 1932 das *Notizbuch des Provinzschriftstellers Oskar Maria Graf*. In Berg am Starnberger See wurde Graf 1894 geboren, in München wuchs er in turbulenten Jahren zum berühmten Schriftsteller heran. 1933 durfte er keine eigene Meinung mehr haben, Hitlers Schergen verfolgten ihn. 1932 schrieb Graf in sein *Notizbuch*: »Münchens Gesicht schaust du an und vergißt es sonderbarerweise nie wieder. Du bist es einfach von Anfang an gewohnt. Du kannst dir hier nichts anderes denken. Es gehört wirklich alles zusammen: Der Dienstmann und die Frauentürme, der Nockherberg mit seinem alljährlichen Salvator und die Trambahn, die unvergleichliche Ludwigstraße mit ihrem allsonntäglichen Paradekonzert auf dem Odeonsplatz und die Au, wo vier und fünf eng aneinanderstehende Häusl je einen Brunnen und einen Abort haben, das Rathaus, das aussieht wie ein Zuckerguß –, und Loibls Künstlerkneipe *Brennessel*, das Hofbräuhaus, welches die Fremden als Inbegriff alles Münchnerischen ansehen, der *Bögner* im Tal, wo sich jedesmal die ehrwürdigen Landtagsabgeordneten treffen und der Landtag selber, unser Karl Valentin mit der Liesl Karlstadt und die *Münchner Neue-*

Enttäuschung: »Wenn die Münchener Männer ooch noch so zudringlich wären, wie die unseren im Lunapark, ließe sich 's hier leben«, Zeichnung von Max Heiß

Marienplatz um 1922.
Radierung von Luigi Kasimir

sten Nachrichten, welche wegen ihrer Inserate den Ton angeben und so viele Meinungen haben wie Winde auf dem Dach, unser schöner Hofgarten und das Café Luitpold, die Propyläen und meine Milchfrau, unsere herrliche Polizei mit ihrer eigenen Zensurausübung, der unangekränkelte Fasching und die großen Dichter, welche in Bogenhausen wohnen, das Siegestor und das Oktoberfest.« Noch 1932 konnte Graf die Überzeugung der Altbayern aussprechen:

»Wir sind froh, daß uns jemand regiert, daß jemand immer wieder versucht, uns auf diese oder jene Weise vorwärts zu bringen.«

Oskar Maria Graf und viele Münchner waren aber nicht froh, daß sie ein Jahr später ein Mann aus Braunau regierte!

VON BORSCHT ZU SCHARNAGL

»Wir sind über Nacht ein *Freistaat* geworden, und Bayern wird augenblicklich nicht von Ludwig III. regiert, sondern von Kurt Eisner, dem früheren literarischen Mitarbeiter der Münchner Post und Führer der Unabhängigen«, schrieb der Schulmann und Essayist Josef Hofmiller am 8. November 1918 in sein *Revolutionstagebuch 1918/19*. »Am Freitag-Morgen war die ganze Umwälzung vollzogen. München war als Hauptstadt des Königreichs Bayern zu Bett gegangen, um als Hauptstadt des bayerischen *Volksstaates* zu erwachen.«

Die Stadtratswahl 1919 brachte politische Verschiebungen. Am 26. Juni 1919 zogen 50 ehrenamtliche Stadträte in das Rathaus ein, davon 16 der Unabhängigen Sozialisten, 15 der Bayerischen Volkspartei, 10 der Mehrheitssozialistischen Partei, 7 der Deutschen Demokratischen Partei, 1 der Liberalen Bürgerpartei und 1 Hausbesitzer. 1. ehrenamtlicher Bürgermeister wurde der Sozialdemokrat Eduard Schmid, 2. rechtskundiger Bürgermeister Dr. Hans Küfner, sie wurden unterstützt von 10 berufsmäßigen Stadträten. Oberbürgermeister Dr. Wilhelm Ritter von Borscht, der noch am 1. Mai 1918 das Jubiläum seiner 25jährigen Tätigkeit als 1. Bürgermeister feiern konnte, trat zurück. »Man muß anerkennen, daß Dr. von Borscht seinen Mann stellte und hielt, was man von ihm erwartet hatte«, schrieb damals die sozialdemokratische *Münchner Post*. Wie Borscht war auch Eduard Schmid kein geborener Münchner. Der gelernte Kunstschreiner kam 1887 mit 26 Jahren nach München. 1899 wurde Schmid erster sozialdemokratischer Magistratsrat im Münchner Rathaus. Die Inflation und der Hitlerputsch 1923 stellt Bürgermeister Schmid vor schwierige Probleme. Nur die Nachricht, daß Hitler vor der Feldherrnhalle gescheitert war, rettete ihm 1923 das Leben. Anläßlich des 100. Geburtstages würdigte 1961 der *Münchner Stadtanzeiger* das *Stadtoberhaupt in schwerer Zeit*: »Obwohl seine Amtsperiode unter einem politischen Unstern stand, hatte Eduard Schmid doch beachtliche Leistungen aufzuweisen. Seine besonderen Bemühungen galten dem Ausbau der Elektrizitätsversorgung Münchens. Unter seinem Vorsitz wurde die Überleitung der Amper in die Isar durchgeführt. Hierbei entstanden die Südwerke II und III an der Isar. Auch der künftige, noch weitere Ausbau der mittleren Isar wurde unter seiner Ära durch Verhandlungen eingeleitet. Die finanziellen Schwierigkeiten, die sich dabei zeitweise auftaten, schienen fast unüberwindlich. Seiner Initiative sind noch zwei weitere große Projekte zu danken: die Schaffung der Straßenbahnwerkstätte Perlach und der Bau des Altersheimes St. Josef, das damals Mün-

Bürgermeister Eduard Schmid

chens größtes Altersheim war. Seinen tatkräftigen Weitblick bewies er auch bei den großen Grunderwerbungen rund um den Taubenberg, dem Quellgebiet der Münchner Wasserversorgung. Überdies war er ein fanatischer, kompromißloser Streiter für die gemeindliche Selbstverwaltung. Am 30. Dezember 1924 saß Eduard Schmid zum letztenmal auf dem Bürgermeisterstuhl. Bis zu seinem Tode (am 8. Juni 1933) war er jedoch noch hochgeachtetes Mitglied des Stadtrates.«

Der Stadtrat ehrte den verdienten Kommunalpolitiker anläßlich seines 70. Geburtstages 1931 durch Verleihung der Ehrenbürgerrechte.

Die zwanziger Jahre brachten München schon im Jahre 1920 erhebliche Sorgen, der politische Streit wurde hektisch, die wirtschaftlichen Probleme waren kaum zu meistern. Am 14. Januar trat das Wuchergericht zur ersten Sitzung zusammen. Der Eisner-Mörder, Anton Graf Arco, wurde am 16. Januar zum Tode verurteilt, vom Ministerrat aber zu lebenslänglicher Festungshaft begnadigt. Am 24. Februar veranstaltete Adolf Hitler die erste große öffentliche Massenkundgebung der *Nationalsozialistischen Deutschen Arbeiterpartei*, bei der er sein Programm verkündete. Im Sterneckerbräu wurde die erste Geschäftsstelle der NSDAP eingerichtet.

1921 lebten in München 654000 Einwohner. Im März streikten die Metallarbeiter und im Mai die Transportarbeiter. Zu Unruhen und Demonstrationen kam es wegen Mietpreiserhöhungen und Teuerungen. Der Erbauer des Neuen Rathauses und der Paulskirche, Georg von Haubenrisser, wurde Ehrenbürger. Am 18. Oktober 1921 starb König Ludwig III. von Bayern auf seinem Gut Savar in Ungarn, seine Frau, Königin Maria Theresia, war ihm bereits 1919 im Tod vorausgegangen. Der König lebte zurückgezogen, zumeist in Wildenwart am Chiemsee, besuchte aber auch Leutstetten und Altötting. Am 5. November 1921 wurden König und Königin in der Gruft der Münchner Frauenkirche beigesetzt. Der Erzbischof von München-Freising, Michael Kardinal von Faulhaber, hielt die Trauerrede. Der

Sterbebild zum Tode Ludwig III.

Beisetzungsfeier S.M. König Ludwig III. v.J.M. Königin Marie Therese, München 5.11.1921

überzeugte Monarchist sagte: »König Ludwig hat seiner Familie das Bild eines arbeitsseligen Mannes hinterlassen und seinem Volke das Bild eines leutseligen Königs.«

Massenkundgebungen beherrschten auch 1922 die Stadt, sie richteten sich gegen die *Schwarze Schmach am Rhein*, gegen die Kriegsschuldlüge und gegen die Ermordung von Walter Rathenau. Einen hohen Besucher konnte München am 12. und 13. Juni begrüßen, den Reichspräsidenten Friedrich Ebert.

Inflation und Hitler-Putsch überschatteten das Jahr 1923. Die Geldentwertung war nicht aufzuhalten. Die Nummer der *Münchner Neuesten Nachrichten* vom 9. November 1923, deren Kopfspalte verkündete: »Einsetzung eines nationalen Direktoriums – Kahr als Statthalter Bayerns – Pöhner bayerischer Ministerpräsident – Ludendorff Chef der Nationalarmee – Hitler politischer Leiter«, kostete 10 Milliarden Mark. Eine neue Bierpreiserhöhung wurde angezeigt, 1 Maß Vollbier dunkel kostete 72,8 Milliarden Mark, 1 Maß Märzenbier 111,8 Milliarden, »hierzu kommt die 5% betragende gemeindliche Getränkesteuer«. Auf dem Fleischgroßmarkt betrug der Preis für argentinisches Gefrierfleisch 90 bis 135 Milliarden. Die Bäcker verlangten für 1 Pfund Brot 33 Milliarden und für 1 Semmel 3,6 Milliarden. Da war Oberbayerische Würfelbraunkohle »für jeden Ofen geeignet, mit großer Heizkraft«, der Zentner um 200 Milliarden Mark, geradezu preiswert. Mit einer Demonstration gegen die »Novemberverbrecher« hatte die NSDAP am 11. Januar das unheilvolle Jahr begonnen. Bei einer Versammlung im Bürgerbräukeller am 8. November 1923 wollte Hitler die Staatsgewalt in Bayern erringen. Der politisch kurzsichtige General Ludendorff deckte mit seiner Autorität das verbrecherische Unternehmen. Die Schüsse an der Feldherrnhalle am 9. November 1923 beendeten den Putsch.

Beim Hochverratsprozeß vom 26. Februar bis 27. März 1924 vor dem Volksgericht München I kam es am 1. April zu folgendem Urteil: Hitler erhält Festungshaft in Landsberg, Ludendorff wird freigesprochen. Trotz der üblen Erfahrungen mit Hitler und Genossen wählten die Münchner am 7. Dezember 1924 3 Nationalsozialisten in den Stadtrat, neben ihnen trafen sich zur 1. Sitzung am 8. Januar 1925 21 Stadträte der Einheitsliste der Nationalen Wahlgemeinschaft, 13 Sozialdemokraten, 5 Kommunisten und 6 Stadträte von 5 verschiedenen Parteien. Zum 1. Bürgermeister wurde am 19. Dezember 1924 Karl Scharnagl (Bayerische Volkspartei) gewählt. Dr. Hans Küfner blieb 2. rechtskundiger Bürgermeister. Über seine Tätigkeit berichtete Scharnagl auf einem Tonband im Münchner Stadtarchiv:

»Die Wahl erfolgte mit allen bürgerlichen Stimmen gegen den bisherigen ersten Bürgermeister Eduard Schmid, der ein besonnener, abgeklärter und menschlich sympathischer Führer der Stadt war. Meine Amtsführung in der 5jährigen Periode vom 1. 1. 1925–31. 12. 1929 fiel in die Zeit großer Schwierigkeiten nach der Inflation und war erfüllt voll neuer gewaltiger Aufgaben. Sie einigermaßen bewältigt zu haben, danke ich neben Gottes Hilfe den vorzüglichen Eigenschaften des städtischen Beamtenkörpers und der vertrauensvollen Mitarbeit des Stadtratskollegiums. Bei diesem war die politische Gegensätzlichkeit noch nicht so kraß, das Verantwortungsbewußtsein, sachliche Verwaltungsarbeit leisten zu müssen, war überwiegend und überbrückte vielfach auch die politischen Gegensätze. Die nationalsozialistischen Kreise waren in zwei Fraktionen gespalten, sie machten eine nicht besonders erfolgreiche Opposition. Der Beamtenkörper war vorbildlich und über jedes Lob erhaben. Die berufsmäßigen Stadträte waren ausnahmslos aus der Vorzeit übernommen, sie waren schon damals nach qualitativer Eignung berufen... Die Tätigkeitsperiode 1925–Ende 1929 war gesegnet durch eine Zeit günstigen Aufstieges, der mit der Zeit des Wirtschaftswunders allerdings nicht vergleichbar war. Diese Entwicklung ermöglichte der Stadtverwaltung so manche Leistungen in der Nachholung von Kriegsschäden, in der Modernisierung aller Einrichtungen und in Neuanschaffungen für den erweiterten Bedarf der Städtischen Verwaltung.«

Scharnagl erwähnt auch seine Wunschträume als 1. Bürgermeister, die er nicht in Erfüllung bringen konnte, den Bau eines Konzertsaals für mindestens 2500 Zuhörer und die Idee, den »Stadtkern ausschließlich dem Fußgänger frei zu geben«.

Die Volkszählung am 16. Juni 1925 ergab 680704 Einwohner, die in 173367 Wohnun-

Dr. h.c. Karl Scharnagl,
Oberbürgermeister

gen untergebracht waren. Nach einer Aussprache mit Ministerpräsident Dr. Heinrich Held am 24. Januar 1925 konnte Hitler am 26. Februar im Bürgerbräukeller die 2. Gründungsversammlung der NSDAP abhalten. Doch schon am 9. März erhielt er Redeverbot. Der Nachfolger Friedrich Eberts als Reichspräsident, der Generalfeldmarschall Paul von Hindenburg, stattete München am 18. August einen Besuch ab. Der *Dolchstoßprozeß* vom 19. 10.–20. 11. 1925 von Paul Nikolaus Cossmann gegen die *Münchner Post* gab den nationalistischen Kreisen neuen Auftrieb. In den *Süddeutschen Monatsheften* hatte Cossmann die Politik, die zum Versailler Vertrag führte, verurteilt und gefordert, die Träger dieser Politik vom Aufbau der Republik auszuschließen.

Im Januar 1926 reiste Bürgermeister Scharnagl nach New York, um günstige

Empfang des indischen Dichters Rabindranath Tagore im Rathaus am 22. Juli 1930. Von links: Bürgermeister a. D. Eduard Schmid, Professor Lucian Scherman, Frau Tagore, R. Tagore, Oberbürgermeister Karl Scharnagl; hinter ihm Stadtrat Hermann Esser (NSDAP), mit Bart: Hans Ludwig Held

Kredite zu erhalten, sogar eine Besprechung mit US-Präsident Coolidge wurde ermöglicht. Über das Ergebnis seiner Reise erzählt Scharnagl: »Mit den Geldern der beiden Auslandsanleihen konnten die technischen Werke unserer Stadt ausgebaut und auf den Stand höchster Leistungsfähigkeit gebracht werden. Die Elektrizitätswerke unter der hervorragenden Leitung von Oberbaudirektor Zell zogen weitere Wasserkräfte zur Kraftgewinnung heran. Die Wasserwerke unter Oberbaudirektor Dr. Bosch als Tiefbaureferenten und Baudirektor Henle ergänzten die Trinkwasserversorgung durch Fassung neuer Quellen und Anlegung großer Reserven im Isartal. Die Straßenbahn erneuerte ihren Wagenpark und konnte den Geleiseausbau weiter betreiben. Auf diese Weise haben wir in den Jahren vor 1930 kommunale Einrichtungen geschaffen, die den Herren nach 1933 ermöglichten zu wirtschaften.«

Trotzdem wuchs die wirtschaftliche Not weiter an. Im Januar 1927 zählte München 48000 Arbeitslose. Der Stadtrat genehmigte für den Wohnungsbau 3 Millionen Reichsmark, vor dem Zuzug nach München wurde gewarnt.

1928 lebten 701000 Münchner in ihrer Stadt. Der Asienforscher Wilhelm Filchner wurde mit der ersten *Goldenen Ehrenmünze* geehrt. Bei einer Wahlveranstaltung am 24. April für die Reichstagswahl im Mai wurde der Reichsaußenminister Dr. Gustav Stresemann, der bedeutendste Staatsmann der Weimarer Republik, im Bürgerbräukeller schmählich niedergeschrien.

Die Stadtratswahl am 8. Dezember 1929 brachte der SPD 17 Sitze, der BVP 12 Sitze, der NSDAP 8 Sitze, die restlichen 13 Sitze nahmen 5 Parteien ein. Karl Scharnagl wurde am 20. Dezember wieder zum 1. Bürgermeister gewählt, er blieb, bis am 9. März 1933 die Hakenkreuzfahne am Münchner Rathaus das Ende der Demokratie verkündete, und er am 22. März zum Rücktritt gezwungen wurde.

Die Not regierte auch 1930, im Februar wurden 46457 Arbeitslose gezählt, über 7000 arbeitsfähige Bürger waren Wohlfahrtsempfänger.

Gustav Stresemanns Hoffnung auf den *Silberstreifen am Horizont* wurde immer wieder verspottet, aber die Folgen des 1. Weltkrieges und des Versailler Vertrags wurden allmählich überwunden. Nur – aus den Leistungen der Weimarer Republik ernteten Hitler und Genossen.

VOM STERNECKERBÄU ZUM BARLOW-PALAIS

Als Adolf Hitler im Frühjahr 1912 nach München kam, fühlte er sich als angehender Maler, wahrscheinlich schon als Künstler. Leider fehlte ihm das nötige Talent. Einen Maler Hitler hätte München leicht verdaut, er aber beschloß 1918, Politiker zu werden – da nahm das Unheil seinen Lauf.

Der Eisenbahnarbeiter Adolf Drexler, vor dem Krieg Zitherspieler in einem Berliner Nacht-Café, hatte 1919 gemeinsam mit einigen Arbeitern die *Deutsche Arbeiterpartei* gegründet, deren *National-Sozialismus* von haßerfülltem Antisemitismus getragen war. Drexlers Hetzereien fanden besonders bei manchen der entlassenen Soldaten Anklang. Adolf Hitler, Dietrich Eckart, Gottfried Feder, Ernst Röhm, Alfred Rosenberg und Hermann Esser traten der Partei bei.

»Am 24. Februar 1920 fand die erste öffentliche Massenkundgebung unserer jungen Bewegung statt. Im Festsaal des Münchner Hofbräuhauses wurden die fünfundzwanzig Thesen des Programms der neuen Partei einer fast zweitausendköpfigen Menschenmenge unterbreitet und jeder einzelne Punkt unter jubelnder Zustimmung angenommen«, berichtete Hitler 1927 im 2. Band seines Buches *Mein Kampf*. Im Sterneckerbräu wurde nun die erste Geschäftsstelle der *Nationalsozialistischen Deutschen Arbeiterpartei* eingerichtet. Nach internen Streitigkeiten wurde Hitler am 29. Juli 1921 zum 1. Vorsitzenden der NSDAP gewählt.

Die Folgen des Kriegs und der Revolution lasteten immer noch auf den Menschen, die

Braunes Haus

Inflation wurde erschreckend. Hitlers Hetzreden wurden immer brutaler und fanden offene Ohren, General Ludendorff war angeblich der Garant für einen ehrlichen Kampf um die Staatsgewalt in Bayern. Der Historiker Ernst Deuerlein schrieb 1962 in seinem Buch *Der Hitler-Putsch*: »Zwischen dem Revolverschuß Adolf Hitlers an die Decke des Bürgerbräukellers – abgefeuert am 8. November 1923 kurz nach 20.45 Uhr – und den Schüssen vor der Feldherrnhalle – abgegeben am 9. November 1923, kurz nach 12.30 Uhr – vollzog sich der Vorgang, der als *Ludendorff-Hitler-Putsch*, als *Hitler-Putsch* und als *9. November 1923* in die Geschichte eingegangen ist.« Der Putsch scheiterte, es gab Verwundete und Tote, 18 *Marschierer* wurden erschossen. Generalstaatskommissar von Kahr, Reichswehr-General von Lossow und Polizeipräsident von Seisser vereitelten Hitlers Versuch. Am 26. Februar 1924 begann der sogenannte *Hitler-Prozeß* vor dem Volksgericht München I. Die Staatsanwälte Stenglein und Dr. Ehard vertraten die Anklage, wobei sich Dr. Ehard den Zorn von Ernst Röhm zuzog und sich damals schon als überzeugter Nazi-Gegner bewährte. Die Angeklagten erhielten nur geringe Strafen für ihre verbrecherische Politik, Ludendorff wurde sogar freigesprochen. Während der Festungshaft in Landsberg a. L. schrieb Hitler sein Buch *Mein Kampf*, Rudolf Heß war behilflich. Bereits am 26. Februar 1925 konnte die NSDAP wieder gegründet werden.

Um sich und seiner *Bewegung* einen bedeutenden Anstrich zu geben, erwarb Hitler das Barlow-Palais in der Brienner Straße, gegenüber dem Palais der päpstlichen Nuntiatur. 1930 war der Umbau vollendet, geleitet wurden die Baumaßnahmen von den Architekten Paul Ludwig Troost. Hans Frank, Hitlers Rechtsanwalt und Leiter des Rechtsamts der NSDAP, 1946 in Nürnberg wegen seiner Tätigkeit als Generalgouverneur von Polen gehängt, kann in seinem Buch *Im Angesicht des Galgens* berichten: »Das Braune Haus war der repräsentable Zentralsitz der NSDAP. Durchaus würdig, vornehm, gediegen, nicht gekünstelt. aber in wuchtiger, stabiler Innenform auch im Mobiliar ausgestattet. Viel Marmor und Bronze. Mein Zimmer lag im zweiten Stock... Neben mir hatte der Auslandspressechef Dr. Hanfstaengl, einer der feinsten Köpfe, die jemals Hitler dienten, seinen Arbeitsraum... Im ersten Stock waren die Arbeitsräume von Hitler, Heß, Röhm, Goebbels, Strasser und Hierl... Auf das Braune Haus waren wir alle höchst stolz, allen voran Hitler.«

Nur drei Jahre dauerte der Weg Hitlers vom Braunen Haus in München zur Reichskanzlei in Berlin.

KAMPF UM MÜNCHEN ALS KULTURZENTRUM

Bei der ersten Veranstaltung der *Münchner Gesellschaft 1926* hielt Thomas Mann am 2. November 1926 im Steinicke-Saal eine vielbeachtete Rede. Dabei sagte er:

»Wenn München an Liebenswürdigkeit und Bedeutung eingebüßt hat, so konnte das nur geschehen durch Entstellung und Verzerrung seines Angesichtes infolge eines Verhängnisses von Leiden, Kummer, Erniedrigung, Wirrnis und Seelenqual, an dem nicht nur München, sondern ganz Deutschland, ja ganz Europa mehr oder weniger Teil hatte... Der unsterbliche, mehr oder weniger humoristisch gepflegte Gegensatz zum Norden, zu Berlin, hatte ganz anderen Sinn als heute. Hier war man künstlerisch und dort politisch-wirtschaftlich. Hier war man demokratisch und dort feudal militaristisch...«

Die Rede Thomas Manns wurde in der Zeitschrift *Der Zwiebelfisch* (Jg. 20, Heft 1. 1926/27) abgedruckt. Gleichzeitig erschien das Ergebnis einer *Rundfrage über München*. Michael Georg Conrad schrieb: »Alle Bemühungen, Münchens Kultur zu heben, erscheinen jedenfalls zunächst als aussichtslos. Geistigkeit und auch verfeinerte Sinnlichkeit sind hier Vorrecht einer noch dünneren Schicht als in anderen vergleichbaren Städten.« Als Kenner der Münchner Situation zeigte sich Bruno Frank: »Wenn ein Künstler von einem Orte nichts weiter verlangt als kräftige Luft, ebene Spaziergänge, und daß man ihn ungeschoren läßt – so wird er auch hier ganz gut das ausführen können, wozu er bestimmt ist.« Gute Künstler, deren Kunst vom Können kommt, verlangen auch nicht mehr. Restlos pessimistisch schimpfte Karl Valentin: »München nochmal zu einer Kunststadt zu machen, ist eine Kunst, die niemand kann. Der Anfang hat schon begonnen. Die jungen Münchner wollen es ja gar nicht mehr anders; sie haben kein Interesse mehr an der Originalität ihrer Münchnerstadt. Ob alte bayrische Volkssitten und Gebräuche noch bestehen oder abgeschafft werden, läßt sie kalt. Im Theater wird bis zum Ekel Expressionismus gespielt. Moderne amerikanische Radiomusik lockt zu perversen Tänzen...«

Zum Thema *Kampf um München als Kulturzentrum* sprachen am 30. Dezember 1926 Thomas Mann, Heinrich Mann, Leo Weismantel, Willi Geiger, Walter Courvoisier und Paul Renner in der Tonhalle, Veranstalter war die Demokratische Partei. »Gemüt und Mir san g'sund – damit allein wird München seine Stellung in der Welt nicht halten oder nicht zurückgewinnen, auch als Kunststadt nicht«, sagte Thomas Mann. Trotz kritischer Äußerungen meinte der Komponist Walter Courvoisier: »Jede Stadt hat ihr eigenes Tempo. Dasjenige Münchens war immer wohlig-gemütlich.« Der Maler Willi Geiger kritisierte »die Abwanderung des Publikums von den Stätten ernster Kunst zu Kino und Sport«. Paul Renner, der geniale Buch- und Schriftkünstler, meinte versöhnlich: »München ist noch die schöne Stadt, die einen besonders geistigen, einen besonders menschlichen Typ des Deutschen immer wieder hierher zieht. Sie kommen nicht wegen der paar landschaftlichen Reize des Isartals und des Starnberger Sees. Sie lieben die Stadt selbst...«

DIE JÜDISCHEN MITBÜRGER

Von Juden in München, das ist der Teil eines Buches, das Hans Lamm 1958 herausgab. Aufsätze von bedeutenden Persönlichkeiten, Juden und Nicht-Juden, schildern das Schicksal der Juden bis zum Untergang der jüdischen Gemeinde.

Während der zwanziger Jahre hat sich die Situation der Juden, nach anfänglichen Schwierigkeiten, doch geglättet. Dazu der Jurist Werner J. Cahnmann:

»Die katholische Kirche, unter der Leitung des weisen Kardinals Michael von Faulhaber, hatte verstanden, daß die Philosophie des Nationalsozialismus vermessenes Heidentum war, und daß alle verfügbaren Kräfte gegen diesen sündigen Götzendienst eingesetzt werden mußten. In diesem Kampf war die Unterstützung durch die Juden nicht unerwünscht, selbst wenn man dies nicht öffentlich zugeben konnte. Da die Demokratische Partei in Bayern so gut wie verschwunden war, und die Sozialdemokratische Partei sich zur Bedeutungslosigkeit verdammt hatte, betrachtete ich es als meine Aufgabe, die Zusammenarbeit zwischen Katholiken und Juden zu befestigen, aber die Juden haben keinen Kardinal, und meine Aufgabe war daher nicht einfach.«

Am Weihnachtsabend des Jahres 1928 traf der Münchner Schüler Fritz Rosenthal eine Entscheidung, die sein Leben ändern sollte. Er verließ sein liberales, jüdisches Elternhaus und zog zu einer strenggläubigen Familie. Er änderte auch seinen Namen. Aus Fritz Rosenthal wurde Schalom Ben-Chorin. In seiner Autobiographie *Jugend an der Isar* beschreibt der bekannte Schriftsteller das München seiner Jugend:

»Übrigens machten meine christlichen Mitschüler auch einmal Bekanntschaft mit meinem Gebetsriemen, da ich in meiner Zerstreutheit, schon etwas knapp vor Schulbeginn, vergessen hatte, diesen biblischen Schmuck abzulegen. Als ich damit in die Klasse stürmte, löste das ein entsprechen-

Kriegerdenkmal auf dem israelitischen Friedhof. Architekt: Fritz Landauer

des Hallo aus... Nicht einmal die Schultasche durfte man am Sabbat in die Schule bringen. Dies geschah schon am Freitag nachmittag, ehe man zum Abendgottesdienst in die Synagoge ging... Es gab überhaupt seltsame Formen der deutsch-jüdischen Symbiose auf kindlichem Niveau. Einer meiner orthodox-jüdischen Mitschüler hatte einen außergewöhnlichen Appetit und konnte es nicht unterlassen, von Zeit zu Zeit heimlich ein Butterbrot zu verdrücken. Der fromme Jude ißt aber nicht unbedeckten Hauptes. Der christliche Hintermann des frommen Essers mußte ihm daher ein Blatt Papier über den Kopf halten, bis die Stulle verspeist war.«

LICHT UND SCHATTEN IM WIRTSCHAFTSLEBEN

München als Industrie- und Handelsstadt stellte der Syndikus der Handelskammer München, Dr. Edmund Simon, 1922 in dem Band *Deutsche Städte – München* vor. Sechs Jahre später, in der *GDA-Rundschau* vom August 1928 kann Simon über *München – die Stadt der Arbeit* eine kurze Zusammenfassung der wichtigsten Wirtschaftszweige geben. München ist »hauptsächlich Sitz von Veredelungsindustrien, doch auch von Lokomotiv- und Waggonfabriken, Eisen- und Kupferwerken, Motorenbau, Optik, Feinmechanik und Graphik, künstlerische Web- und Wirkwaren, Antiquitäten-, Kunst- und Buchhandel, Großumschlagplatz für Holz, Getreide, Südfrüchte, Blumen, Hotelgewerbe.« Da München fern den Rohstoffbasen im Rheinland liegt, ist die Industrie auf die Herstellung von veredelten Produkten angewiesen. »Trotzdem sind schwerindustrielle Betriebe der Stadt nicht fremd. Zwei weltberühmte Lokomotivfabriken liegen an ihren Toren, auch zwei bekannte große Waggonfabriken, ferner Eisen-, Hallenbau- und Brückenkonstruktionswerke, Gießereien, ein Kupferwerk und Metallbearbeitungsbetriebe. Einen besonders guten Klang hat die Fabrikation von Motoren erlangt, namentlich auch von Flugzeug- und Kraftfahrzeugmotoren. Optik und Feinmechanik, die auch in der Automobilindustrie eine nicht unwesentliche Rolle spielen, sind seit alters in München zu Hause. Fernrohre, photographische Verschlüsse, geodatische Instrumente, Meßwerkzeuge und Lehren, chirurgische Instrumente, Ausrüstungen für Kliniken, sanitäre Artikel usw. werden von bekannten Firmen hergestellt. Einer der jüngsten Industriezweige ist die Filmindustrie . . .«

In einem Vortrag am 23. Oktober 1929 über *Fünf Jahre Kommunalverwaltung* befaßte sich Oberbürgermeister Dr. Karl Scharnagl auch mit Wirtschaftsfragen. Als wesentliche Faktoren der Wirtschaft nannte er die Brauereien, graphische Betriebe, die chemische Industrie, den Flugverkehr. Für die Münchner Wirtschaft bedeutungsvoll gilt von jeher auch der Fremdenverkehr mit allen seinen Auswirkungen. Das Statistische Amt der Stadt München berichtete 1930 über *Die Quellen des Münchener Wirtschaftslebens* und stellte fest: »Die Münchener Wirtschaft ist in fortgesetztem, nur zeitzweilig durch vorübergehende Rückschläge der allgemeinen Konjunkturen unterbrochenem oder aufgehaltenem Wachstum begriffen. Industrie, Gewerbe, Handwerk, Handel und Verkehr der Stadt München nahmen während der 18 Jahre zwischen den zwei letzten allgemeinen Betriebserhebungen von 1907 und 1925 nach der Zahl der beschäftigten Personen um 60 Prozent zu, sie haben sich damit rascher ausgedehnt, als gleichzeitig die ge-

Der Udet-Tiefdecker Typ »U 10«, 1924

samte Einwohnerschaft der Stadt anwuchs. Am 16. Juni 1925 haben diese Wirtschaftszweige mit 48395 gewerblichen Betrieben aller Art 285156 beschäftigte Personen umfaßt, seitdem ist eine noch weitere Zunahme eingetreten, was daraus zu schließen ist, daß die Bevölkerung der Stadt von Mitte 1925 bis Ende 1929 weiter gestiegen ist von 680704 auf rund 723000 Einwohner.«

Der Flugzeugbau und der Luftverkehr wurden im Sommer 1922, nach der Aufhebung des Bauverbots durch die Entente, ein wesentlicher Wirtschaftsfaktor. Der berühmte Flieger Ernst Udet, des *Teufels General* im Dritten Reich, gründete die *Udet-Flugzeugbau München*. Mit Stolz konnte 1926 berichtet werden: »1. Juni 1924: Udet fliegt als erster in Deutschland ohne Unterbrechung auf Udet-Kolibri mit 3½ PS Douglas zwei Stunden. 28. August 1924: Udet fliegt auf Kolibri 4 Stunden 39 Minuten und stellt damit einen neuen Weltrekord für Leichtflugzeuge auf.«

Wesentlichen Erfolg am Wirtschaftsaufschwung der Stadt können auch umfangreiche Ausstellungen beanspruchen.

Trotz der Zwangswirtschaft, die meisten Nahrungsmittel waren noch nicht im freien Handel zu haben, war im August 1920 die *Anuga*, die allgemeine Nahrungs- und Genußmittel-Ausstellung, ein voller Erfolg. Auf 10000 qm Hallenfläche hatte Prof. Richard Berndl eine interessante Ausstellung aufgebaut.

Am 13. Mai 1922 wurde die *Deutsche Gewerbeschau München 1922* festlich eröffnet. Bereits während der Räteherrschaft war 1919 angeregt worden, eine Bilanz vorzulegen, zu welchen Leistungen Handwerk, Gewerbe und Industrie nach dem 1. Weltkrieg wieder fähig sind. Aber keine Kunstgewerbeausstellung und keine Industrieausstellung waren geplant, es sollten nur Erzeugnisse gezeigt werden, bei denen neben der technisch guten Arbeit und der klaren Zweckgestaltung die geschmackliche Form von Bedeutung ist. Der umfangreiche Katalog zählt in 54 Gruppen die Produkte auf, die Handwerk, Gewerbe und Industrie in Deutschland drei Jahre nach Beendigung des Weltkriegs bieten können, darunter waren Keramik, Porzellan, Spielwaren, Glas, Rahmen, Friedhofskunst, Optik, Mode, Teppiche, Möbel, Sportartikel, Musikinstrumente usw. Im *Amtlichen Bericht* ist festgestellt, daß der Wert der Goldmark am Tag der Schlußsitzung, am 30. Januar 1923, rund das 800fache dessen betrug, was sie drei Jahre vorher am Tag der Gründungsversammlung, am 21. Januar 1920 galt. Die Schlußabrechnung weist Einnahmen in Höhe von 88,7 Millionen Mark auf und Ausgaben von 70,3 Millionen. Die bauliche und künstlerische Gestaltung überwachte ein Kunstausschuß, dem prominente Künstler angehörten, so u.a. Peter Behrens, Rudolf Belling, Karl Caspar, Thomas Theodor Heine, Paul Klee, Bruno Paul, Max Unold. Plakate, Siegelmarken, Werbemarken auf Zündholzschachteln und in Zigarettenpackungen, vor allem aber eigene Briefmarken – die ersten deutschen Ausstellungsbriefmarken – sorgten für die nötige Werbung in aller Welt – soweit dies 1922 bereits möglich war. Der Besuch war sehr rege, gezählt wurden 3347668 Personen, die durch die Drehkreuze gingen. »Die Deutsche Gewerbeschau 1922 kann in ihrer Wichtigkeit für Deutschland nicht groß genug werden«, urteilte Dr. Theodor Heuss in der *Festschrift der Elektrotechnischen Zeitschrift*.

Unter dem Ehrenpräsidium von Reichspräsident von Hindenburg wurde die *Deutsche Verkehrs-Ausstellung München 1925* veranstaltet. Im *Amtlichen Katalog* ist zu lesen: »Der Versuch, eine lückenlose Schau über den gegenwärtigen Stand der Technik, deutschen Erfindergeist und deutsche Qualitätsarbeit zu bieten, ist mit der Deutschen Verkehrs-Ausstellung unternommen. Ihr Ziel ist die Aufklärung der Welt: Sie soll sehen, daß deutsche Arbeit wieder die Wertstufe der Vorkriegszeit erreicht hat, und daß das deutsche Volk in weltgültiger Wertarbeit seine Freude und sein Genügen findet.«

Mit 3 Millionen Besuchern war die Ausstellung ein voller Erfolg.

Die *Wissenschaftliche Station für Brauerei* in München veranstaltete anläßlich der Feier ihres 50jährigen Bestehens im Jahre 1926 während des Oktoberfestes mit verschiedenen, mit dem Braugewerbe verbundenen, Organisationen die *Deutsche Brauerei-Ausstellung München 1926*, die erste größere Fachausstellung ihrer Art seit dem Weltkrieg. Sie umfaßte alles, was technisch wie wirtschaftlich mit dem Braugewerbe zusammenarbeitete.

2247434 Personen besuchten 1928 die Ausstellung *Das bayerische Handwerk*, am 6. August allein kamen 56192 interessierte Besucher. 70 verschiedene Werkstätten führten die Technik des Handwerks den Besuchern vor.

Fortschrittlicher Rationalisierung und Verbilligung des Haushalts diente die Ausstellung *Heim und Technik* 1928. Die Einführung neuzeitlicher Errungenschaften sollten helfen, Zeit, Arbeit und Rohstoffe zu sparen.

Von einem neuartigen Werbemittel, der Lichtreklame, versprachen sich die Münchner Firmen großen Erfolg. In den *Münchner Mitteilungen* (Heft 10/1929) setzte sich Paul Renner, der Leiter der Meisterschule für Deutschlands Buchdrucker, ganz energisch für diese moderne Werbung ein. Der Begriff *Energiesparen* war ja damals nicht bekannt. Renner schrieb: »Die Lichtreklame ist bekanntlich in München immer noch verboten; wenigstens das, was ihren eigentlichen Reiz ausmacht: die Dachreklame, die Blinkschrift, die Wanderschrift und vor allen Dingen jede Mietreklame. Lichtreklame ist eine wirtschaftliche Notwendigkeit und ist darüber hinaus ein Symbol des wirtschaftlichen Lebens. Wenn eine Stadt Lichtreklame verbietet, während andere gleichgroße und sogar kleinere Städte Lichtreklame haben, so schafft sie sich damit künstlerisch ein Symbol des wirtschaftlichen Schlafes, des wirtschaftlichen Todes...«

Der wirtschaftliche Aufschwung nach dem 1. Weltkrieg wird überschattet von Wohnungsnot, Inflation und Arbeitslosigkeit.

»Das menschliche Elend, das aus der Wohnungsnot resultiert, schreit zum Himmel«, muß Stadtrat Michael Gasteiger 1923 in der Broschüre *Die Not in München* feststellen. Aus dem amtlichen Material veröffentlichte Gasteiger einige besonders schlimme

Feldgrauer Künstlerbund, München. Zum Faschingsfest 1921

Beispiele: »Bergmannstraße wohnt in einem Raum von 4 Quadratmeter eine sechsköpfige Familie. Der Raum enthält ein Bett und eine Ottomane. Das junge Ehepaar schläft auf einem Strohsack auf dem Boden; der Bruder, 100prozentiger Kriegsinvalide, ist zur Zeit im Krankenhaus. – Sedanstraße wohnt die Familie K. in einer Wohnung, die aus einem Raum mit Korridor besteht, letzterer ist unbelichtet und unlüftbar. Die Familie besteht aus dem alten, invaliden Vater, seinem 18jährigen Sohn, einer 20jährigen Tochter nebst Bräutigam und Kind. Vater und Sohn belegen nachts den Raum, während die Tochter mit Bräutigam und Kind auf dem Korridor in einem Bett nächtigen. Sämtliche Betten sind mit Ungeziefer, besonders Wanzen, durchsetzt.«

Über die aktuelle Frage *Was ist eine Trillion* unterrichtete der *Bayerische Hauskalender der Münchner Neuesten Nachrichten* für das Jahr 1924 seine Leser. Die Inflation war völlig entartet.

Über den raschen Anstieg der Preise geben alte Speisenkarten genaue Auskunft. Im Restaurant Helgoland in der Fraunhoferstraße kostete im Mai 1822 ein Nierenbraten 21 Mark, im Dezember bereits 180 Mark, eine Portion Emmentaler statt 9 Mark jetzt 100 Mark. Im Hofbräuhaus am Platzl kostete der Nierenbraten im Mai 1923 6400 Mark, im Juni 8700 Mark; 2 Regensburger mit Kraut statt 2600 Mark jetzt 4000 Mark. Im Bürgerbräu in der Kaufingerstraße kostete ein Teller Reissuppe im Mai 1922 2,50 Mark, im März 1923 120 Mark, der Heringssalat statt 5 Mark jetzt 550 Mark. Am Tag des Hitler-Putschs, am 9. November 1923, als die »Einsetzung eines Nationalen Direktoriums« verkündet wurde, kostete diese Nummer der *Münchner Neuesten Nachrichten* 10 Milliarden Mark. Ein Baugeschäft stiftete damals dem *Münchner Hilfswerk* 1 Billion Mark, 1 Semmel kostete 3,6 Milliarden Mark, 1 Pfund Brot 33 Milliarden Mark.

Die beängstigende Arbeitslosigkeit in den zwanziger Jahren hat Arbeitsamtsdirektor Karl Ludwig Hartmann in seinen ungedruckten Lebenserinnerungen mit interessanten, aber erschütternden Daten festgehalten: »Anfang November 1923 nahm die Arbeitslosigkeit katastrophal zu, als Folge der fortschreitenden Geldentwertung, der Kreditanspannung und der ganzen Lage der deutschen Wirtschaft. Die monatlichen Durchschnittsziffern der Erwerbslosen in München betrug im Oktober 1923: 10557, im November: 18022 und im Dezember: 26894.« In der Erwerbslosenfürsorge mußten im Spätherbst 1923 bis zu 400 Aushilfsangestellte eingesetzt werden. »Eine Schwierigkeit war in besonderem Maße die rechtzeitige Beschaffung der großen Geldmittel, die für einen Tag notwendig waren... An einem Tage höchster Geldnot konnte die Auszahlung der Erwerbslosen nicht rechtzeitig beginnen, auch fehlte das erforderliche Kleingeld, was zur Folge hatte, daß sich in der Baracke am Glockenbach mehrere tausend arbeitslose Menschen ansammelten; es entstand ein großer Lärm, die Baracke wurde gestürmt, die Fenster eingeschlagen, die anwesende Polizei war machtlos...«

VORN LÄNGER ALS HINTEN

»Auf dem Gebiete der Textilindustrie und des Textilhandels hat München eine Reihe von sehr bedeutenden Firmen aufzuweisen«, schrieb 1922 Edmund Simon, der Syndikus der Handelskammer München. »Die Herrenkleiderfabrikation wird in großem Umfang am Platze betrieben. Seit neuerer Zeit ist auch die Herstellung von Trikotagen durch die Bayerische Trikotagenfabrik aufgenommen worden. Münchener Loden werden in unverarbeitetem und verarbeitetem Zustande in großem Umfange auf den Inlands- und Auslandsmarkt gebracht. Die Wäschefabrikation wird, namentlich soweit feine Luxuswäsche in Frage kommt, gleichfalls betrieben.« Weiterhin erwähnt Simon noch die Herstellung von kunstgewerblichen Spitzen und Handarbeiten, von kunstgewerblicher Kleidung und Trachten, von Krawatten, Schals, Kragenschonern, Strickjacken, Hosenträgern, Gesichtsvisieren aus Seide und Kunstseide.

In dem Werk *Quellen des Münchener Wirtschaftslebens* kann das Städtische Amt der Stadt München 1930 über die zwanziger Jahre abschließend feststellen, daß die Herren- und Damenkonfektion unter den deutschen Bekleidungs-Modeindustrien eine beachtenswerte Stellung errungen hat und vorwärtsstrebt, allerdings noch weit hinter der Bedeutung Berlins zurückbleibt. Für das Bekleidungsgewerbe in München waren 1920 1584 Firmen und 9644 Arbeiter tätig, 1929 war die Zahl auf 2092 Firmen angestiegen, die 12863 Angestellte und Arbeiter beschäftigten. Für die Kleider- und Wäscheherstellung arbeiteten 1929 8637 Personen, für die Reinigung von Textilerzeugnissen 1673 Personen, für die Herstellung künstlicher Blumen 105 Personen in 8 Betrieben. Mitte der zwanziger Jahre wirkten im Bekleidungsgewerbe nur 11 Großbetriebe. Nur ein Großbetrieb allein beschäftigte 290 Personen, für 10 größere Betriebe arbeiteten insgesamt 1042 Menschen.

Bamberger & Hertz, das *Spezialhaus für Herren-, Jünglings-, Knaben-, Sport-Bekleidung,* veröffentlichte lustige Werbeschriften, in denen zumeist genaue Preisangaben zu finden sind. 1929 kosteten Straßenanzüge, gute Cheviot- und Kammgarnqualitäten, 38 bis 82 Mark, Gabardine- und Whipcord-Anzüge bis 120 Mark, feine Zweireiher für Anspruchsvolle bis 180 Mark, Streifenhosen 9 bis 31 Mark, Lüstersakkos 9 bis 35 Mark, Knickerbockers und Breeches 11 bis 31 Mark, Knaben-Anzüge 11 bis 48 Mark. *Gstanzeln zur Tracht* veröffentlichte Bamberger & Hertz 1926 und vergaß nicht dabei, eifrig für »Trachten-Kleidung« zu werben:

Mode vor 50 Jahren. Abbildung aus dem Wochenblatt »Münchner Hausfrau«, 1929

A's Deandl hast g'fragt
Und 's Deandl hat g'lacht;
Kimm aufi auf d'Alm,
Aber kimm in der Tracht.

Für Herren kosteten Joppen aus Wasch-Leinen 7,50 Mark, Steierer-Joppen 38 Mark, Tölzer-Joppen 28 Mark; Hosen aus Leder-Imitation 13 Mark, Leder-Hosen mit Handstickerei 58 Mark, Hirschleder-Hosen mit Handstickerei 75 Mark; Trachten-Hemden 6 bis 9 Mark, Steinklopfer-Hüte 3,75 bis 6 Mark.

Die Münchnerinnen konnten sich in den zwanziger Jahren in dem Wochenblatt *Münchner Hausfrau* genau über die neuesten

Mode vor 50 Jahren. Abbildung aus dem Wochenblatt »Münchner Hausfrau«, 1929

Modeforderungen unterrichten, mit den Hackebeil-Lindeschnitten konnten sie dann selbst ihre Garderobe basteln. Markante Überschriften sind zugleich notwendige Erläuterungen der Abbildungen. So finden sich im Jahrgang 1929 folgende Angaben: »Die neue Linie: Vorn vielfach länger als hinten – Weite Glockenröcke und lange enge Aermel beeinflussen die Modelinie – Der wärmespendende Strickanzug zum Sport – Wie kann ich mit meinen vorjährigen, kurzen Kleidern die Mode der langen Röcke mitmachen?« Obwohl in der Redaktion der Zeitschrift nur Damen arbeiteten, hatten sich diese einen nüchternen Blick bewahrt; zum Titelbild *Dame mit Hut* am 3. Oktober

1929 wurde festgestellt: »Kein Feuerwehrhelm, sondern der neueste Damenhut aus Filz.« Beim Blättern im Jahrgang 1927 der *Münchner Hausfrau* finden sich wertvolle Modebetrachtungen. Der Brautanzug stand noch unter dem Zwang der Kriegsjahre, das schleppenlose Brautkleid war die Regel. »Der Schleier wurde in der orthodoxen Form aus glattem, feinstem Seidentüll getragen ... sehr oft wird heute nur ein zierliches Diadem aus Myrte getragen ... Modern denkende Bräute tragen ein aus Wachsperlen und Straßsteinstickerei kombiniertes Stirnband.« Ein recht vernünftiger Ratschlag kam etwas später: »Zu dem Toilettenbestand der Dame muß unbedingt ein praktischer Mantel gehören, der Wind und Wetter trotzen kann. Diese Mäntel dürfen keine extravagante Form haben, das Modische darf nicht zu sehr betont sein. Sie müssen herrenmäßigen Charakter haben ...« Ende 1927, neun Jahre nach dem Krieg, mußte nüchtern festgestellt werden: »Seitdem wir wieder über geheizte Zimmer verfügen, ist die Strickjacke, die unser Begleiter war bei Tag und Nacht, immer mehr aus dem Modebild verschwunden. Sie war plötzlich überflüssig geworden und wurde durch den Pullover ersetzt.« Auch die vielen kleinen Dinge, die Charme und Chic verleihen, werden wieder in Erinnerung gebracht. »Vor allen Dingen sind es Blumen, die dem Anzug in diesem Winter das Gepräge geben ... Die großen farbigen Blütentuffe – denen sich mehr schlanke als üppige Figuren bedienen dürfen – wirken besonders gut an schlichten Abendkleidern aus weißem und

Abendmantel, getragen um 1925–1928. Stadtmuseum; Foto: Dorothee Jordens

pastellfarbigem Georgette, während Metallblüten den Wert eines schwarzen Velours-, Chiffon-, Kunstseiden- oder Samtkleides steigern.« Neben Ansteckblumen gehören Federn wieder zur Garnitur. »Erst heute, da sich die Frau wieder zur Fraulichkeit in ihrer äußeren Erscheinung bekennt, beginnt die Feder neben der Ansteckblume den Kulminationspunkt in der Farbensymphonie der Kleidung zu bilden.«

Neben den bescheidenen Träumen der *Münchner Hausfrau*, die immer noch an die schlimmen Kriegsjahre erinnert, finden sich in den zwanziger Jahren auch bereits kostspieligere Modewünsche. Im *Masken-Album* des Seidenhauses J. Haimann (1927) z.B. tauchen allerhand ausgefallene Ideen auf. Für die *Räuberbraut*, die *Spanierin*, die *Femme à la mode* werden Seide, Taffett Liberty und Spitze benötigt. Der Krieg war vergessen.

DIE WISSENSCHAFT UND DIE GELEHRTEN

Bedeutende Gelehrte haben als Präsidenten oder Klassensekretäre der *Bayerischen Akademie der Wissenschaften* zum Ruhme dieser 1759 gegründeten Institution beigetragen, so die Präsidenten Hugo von Seeliger (Astronom), Max von Gruber (Hygieniker), Eduard Schwartz (Philologe), Karl von Goebel (Botaniker); die Klassensekretäre Erich Marcks, Leopold Wenger, Michael Doeberl, Walther von Dyck und Richard Willstätter.

Im November 1926 feierte die *Ludwig-Maximilians-Universität* die Verlegung von Landshut nach München, vor hundert Jahren. Der Romanist Karl Voßler, damals Rektor magnificus, fand in der Sonderbeilage der *Münchner Neuesten Nachrichten* mahnende Worte: »Es erhebt sich gegen die heutige Universität ein schwerer Vorwurf. Sie lasse – so kann man immer wieder hören – die allgemeine Bildung des Akademikers in Stücke gehen, die bilde nur noch Fachmenschen heran, Spezialisten, von denen keiner mehr den anderen verstehe.« Voßler war der große Mahner seiner Zeit. Schon 1922 hatte er in einer Rede gesagt: »Wenn die akademische Jugend fortfährt, sich trennend und abschließend mit Parteiprogrammen des Klassen- und Rassenhasses, mit Hakenkreuz und ähnlichem Stacheldraht zu umgeben, wird sie ihre menschliche Bildung schwerlich fördern.«

Die Technische Hochschule mußte in den zwanziger Jahren einen Rückgang der Studenten verzeichnen. Die Professoren und Rektoren dieser Zeit waren aber durchwegs bedeutende Gelehrte: Walther von Dyck (Mathematik), Jonathan Zenneck (Experimentalphysik), Kaspar Dantscher (Wasserbau) und Johann Ossana (Elektrotechnik).

Am 7. Mai 1925 wurde das *Deutsche Museum der Naturwissenschaft und Technik*, am 70. Geburtstag Oskar von Millers, durch

Offizielle Postkarte des Deutschen Museum München. Eröffnung 7.5.1925

Walter Simons, als Vertreter des Reichspräsidenten, feierlich eröffnet. Die Ausstellungsfläche betrug 32000 qm. 1932 wurde der Bibliotheksbau und 1935 der Saalbau eröffnet. Die *Münchner Neuesten Nachrichten* schrieben zur Eröffnung am 5. Mai 1925: »Das Deutsche Museum ist uns ein Bekenntnis zur gemeinsamen Kultur, zunächst im engeren Sinne der deutschen Heimat. An seinem Aufbau haben sich nicht nur Wissenschaftler und Künstler, nicht nur Techniker und Industrielle beteiligt, sondern auch die Arbeiterschaft.«

Der Tierpark Hellabrunn wurde 1911, nach schwierigen Vorarbeiten, eröffnet. Im Sommer 1922 mußte er, ein Opfer der Inflation, geschlosen werden. Ab Mai 1928 konnte Zoodirektor Heinz Heck Leihtiere in behelfsmäßigen Unterkünften vorstellen. Im Januar 1929 wurde dann durch die Tierpark Hellabrunn A. G. die wirtschaftliche Grundlage geschaffen. Heinz Heck schuf den ersten *Geo-Zoo* der Welt.

München war in den zwanziger Jahren eine Stadt der Wissenschaften. Bedeutende Gelehrte schufen sich hier einen weltweiten Ruf. Nur einige Berühmtheiten können vorgestellt werden.

Als Nachfolger von Emil Kraepelin wurde 1922 der Psychiater Oswald Bumke berufen. In den 1952 erschienenen Erinnerungen Bumkes schrieb Walther Gerlach in der Einführung: »Der Arzt litt mit seinen Kranken, der Mensch hatte Mitleid mit den Gequälten und Verängstigten, die seine Hilfe suchten ...«

Als Stadtschulrat konnte Georg Kerschensteiner, 1854 in München geboren, von 1895 bis 1919 seine Ideen, Neuorganisation der Volksschulen und Einrichtung von fachlichen Fortbildungsschulen, weitgehend durchsetzen. Die Berufungen nach Leipzig, Irland und in die Türkei lehnte er ab, wurde aber dann doch Honorarprofessor der Münchner Universität. Der Historiker Karl Alexander von Müller sah in Kerschensteiner »eine feuerköpfige Verkörpe-

Deutsches Museum, Radierung Paul Schwertner

rung des hohen deutschen Liberalismus im Sinne Wilhelm von Humboldts.«

»Ein Leben für die Wissenschaft vom Theater« hat Artur Kutscher 1960 in seinem Buch *Der Theaterprofessor* geschildert. Mit Stolz spricht er immer wieder von seinen Studenten, besonderes Lob können *Die vier Nachrichter* ernten: »Curd Heyne und Helmut Käutner hatten sich im Frühling 1930 mit Hans Karl Rohrer (Bobby Todd) und Werner Kleine zusammengeschlossen und im Januar 1931 das Cabarett *Die vier Nachrichter* gegründet. Sie führten unsere Zirkusleute zu größtem Ruhm.«

Der bayerische Historiker Karl Alexander von Müller beschrieb in seinem Buch *Im Wandel einer Welt* (1966) die 1928 erfolgte Berufung: »Für den bayerischen Lehrstuhl schlug die Fakultät mich an einziger Stelle vor. Die ausführliche Begründung, die von

Deutsches Museum München.
Festzug 5.5.25, »Buchbinder«

Oncken verfaßt war, betonte vor allem, daß auch die Vertretung der Landesgeschichte in München unter allen Umständen über das lokal- und stammesgeschichtliche Niveau hinausgehoben werden« sollte.

Der berühmte Chirurg Ferdinand Sauerbruch, der 1918 nach München kam und 1927 nach Berlin berufen wurde, schilderte in seinem Buch *Das war mein Leben* (1951) die Begegnung mit Wilhelm Conrad Röntgen:

»Röntgen war in München einige Jahre vor seinem Tod (1923) mein Patient. Er hatte eine kleine Geschwulst im Gesicht, von der er selbst annahm, daß es ein Krebs war. Ich schnitt das Gebilde aus, und Freund Borst, der berühmte Münchner Pathologe, mit dem ich so manchen wissenschaftlichen Strauß in aller Freundschaft ausfocht, erklärte Röntgens Geschwulst später für harmlos.«

Im *Almanach der Rupprechtpresse* 1923/25 stellte Hans Mühlestein den Philosophen Oswald Spengler vor: »Spengler ist der Dämon dieser Zeit, im Guten wie im Bösen! Von seiner geradezu abweisenden Härte und Grausamkeit ist dieser Geist – ganz wie das brutale Leben unserer Zeit. Aber – er ist eine Gewalt, die aus den gärenden Tiefen dieser Zeit selbst aufgestiegen ist.«

Der Nationalökonom Max Weber wurde 1918, als Nachfolger von Lujo Brentano, auf den Münchner Lehrstuhl berufen. Im Alter von nur 56 Jahren starb Weber 1920. George W. F. Hallgarten schrieb 1969 in seinen Memoiren *Als die Schatten fielen*: »Nach München zurückgekehrt, erhielt ich im Frühjahrssemester 1920 den entscheidenden Eindruck meiner akademischen Laufbahn, ja wohl meines ganzen Lebens: ich hörte Max Weber ...« Der Chemiker Richard Willstätter, der 1915 den Nobelpreis für Chemie erhielt, schildert in seinem Buch *Aus meinem Leben* (1949) die Zeit nach dem Hitlerputsch: »Erfreulich war mir in jener Nachkriegszeit die maßvolle und sachliche Haltung der Studierenden in meinem Institut. Leichte Störungen drangen nur selten von außen herein. Ehe der Student meine Wohnung, das Laboratorium oder auch nur den Hörsaal betrat, nahm er sein Hakenkreuzabzeichen ab. Einige meiner Mitarbeiter, die ganz früh der nationalsozialistischen Partei beigetreten waren, sprachen sich, als der Antisemitismus lärmend und herrschend wurde, in nicht geringer Verlegenheit mir gegenüber aus. Sie hielten ihn damals für nebensächlich und im Programm der Bewegung für unnötig.«

Von Begegnungen mit Literaten und Gelehrten erzählt Wilhelm von Schramm in seinem Buch *Die Bücherkiste* (1979). Auch den Kunsthistoriker Heinrich Wölfflin traf er beim Jour fixe der Geheimrätin Muncker:

»Der hochgewachsene Schweizer, Schüler von Jacob Burckhardt, war von einer jovialen Würde, ein Freund der Studenten, die er mochte; aber ein wahrer Jupiter tonans, wenn man ihn störte oder ärgerte... Schon 1924 ging Wölfflin nach Zürich, wie Fritz Strich 1929 nach Bern.«

VOM LEBEN IM GLAUBEN

»Der katholische Charakter Münchens ist von einer Natürlichkeit und Selbstverständlichkeit, die man sonst nur in Italien und Spanien empfindet. Man atmet eine wesenhaft katholische Atmosphäre, wenn man nur auf die Straße geht, oder am frühen Morgen, wenn einen die vielen Ave- und Meßglocken der Stadt aufwecken...« schrieb die Zeitschrift *Hochland* im Heft 1/1921.

Die 62. Generalversammlung der Katholiken Deutschlands in München vom 27. bis 31. August 1922 war nach Kriegsende die erste, im großen Stil ausgerichtete Wiederaufnahme der ruhmvollen, auf das Jahr 1848 zurückgehende Tradition der Katholikentage. Präsident wurde Konrad Adenauer. Hugo Stehkämper schrieb 1977:

»Adenauers großer Gegenspieler war in München Kardinal Faulhaber. Dieser war *Mittelpunkt des Katholikentages*, mit der Festpredigt und der Rede über *Die Friedensmacht der Kirche* setzte er eindrucksvoll dessen Anfang und Ende, er eilte zu mehr Einzelveranstaltungen als Adenauer, war der hinreißendere Redner und der hoheitsvolle Kirchenfürst. Faulhaber hatte nie ein Wort des Dankes oder Lobes für den Kirchentags-Präsidenten, Adenauer umgekehrt immerhin gelegentlich gemessene Dankesbezeu-

Kardinal Faulhaber mit seiner Begleitung nach dem öffentlichen Konsistorium (links Dr. Buchberger, rechts Dr. Schauer)

gungen... Wo Faulhaber schließlich in die Politik abglitt, forderte Adenauer für ihn ein Betätigungsverbot.«

Michael Kardinal von Faulhaber war von 1914–1918 Feldprobst der bayerischen Armee, 1917 wurde er Erzbischof und 1921 Kardinal. Der Apostolische Nuntius Pacelli überbrachte Faulhaber am 19. Februar 1921, am 10. Jahrestag seiner Bischofsweihe, die amtliche Nachricht von der bevorstehenden Erhebung zum Kardinal. In Begleitung von Generalvikar Buchberger und Domkapitular Schauer reiste er nach Rom. Am 9. März setzte ihm Papst Benedikt XV. im Vatikan das rote Birett und am 10. März beim öffentlichen Konsistorium den Kardinalshut auf.

Papst Pius XII. wirkte von 1917 bis 1925 als Nuntius Eugenio Pacelli in München. Im Nuntiaturgebäude an der Brienner Straße, gegenüber dem Barlow-Palais, dem späteren *Braunen Haus*, residierte er. München war für Pacelli eine »von eigener, artechter Kultur geprägte, menschenfreundliche Stadt«.

Über evangelische Kirchen schrieb Oscar Daumiller 1955 in seinem Buch *Südbayerns evangelische Diaspora in Geschichte und Gegenwart*. »Die Himmelfahrtskirche in Sendling wurde 1920 aus dem sogenannten Alten »Elysium«, einem Tanzsaal, zu einem würdigen großen Kirchensaal umgestaltet, hier hat sich Baurat Zeitler-Sendling verdient gemacht. Der Saal ist wie die Christen- und Lutherkirche ausgebrannt.«

In dem von Hans Lamm 1958 herausgegebenen Gedenkbuch *Von Juden in München* berichtete Rabbiner Leo Baerwald über die jüdische Gemeinde: »An der Spitze der Gemeinde stand seit 1920 Dr. Alfred Neumeyer, Rat am Obersten Landesgericht. Seine weise Voraussicht, sein klug abwägendes Urteil, seine Menschenkenntnis, seine guten Beziehungen zu vielen Personen in leitenden Stellungen, sein traditioneller Sinn und die Treue zur väterlichen Religion haben ihn zu einer Persönlichkeit geformt, die für die Führung einer Gemeinde, besonders in so kritischen Zeiten, wie prädestiniert war...«

FESTE UND FEIERN

MAN TANZT UND TRINKT UND TOLLT UND LACHT

Der 1. Weltkrieg, die Revolution, die Inflation hatten beinahe dem Münchner Fasching das Lebenslicht ausgeblasen, die Münchner hatten das Lachen verlernt. Beim Blättern in alten Faschingsprogrammen und Einladungskarten ist aber deutlich zu spüren, daß der Faschingsprinz nur schlummerte, nicht gestorben war. Jedoch erst 1925 konnten die *Narhalla-Nachrichten* vom *Faschingsanfang* berichten:

»Am 7. Januar öffneten die früheren Faschingsgaststätten wieder ihre Pforten. Das Kolosseum war bereits zur ersten Redoute in grün und gold dekoriert und trug um seine Bogenlampen farbige Umhüllung. Trotz der erst vergangenen Feiertage war der Besuch sehr zufriedenstellend. Die Preise für Eintritt, Atzung und Trank hatte Acosta den heutigen Zeitverhältnissen entsprechend festgesetzt, so daß die Tanzlustigen bis zum Eintritt der Polizeistunde fröhlich beisammen blieben. Der große Saal im Bürgerbräukeller hat ebenfalls durch Reindl ein Festgewand erhalten, für das Geo Ritzer die Entwürfe gefertigt hat. Das *Deutsche Theater* eröffnete seine Bal parés erst am Samstag den 17. Januar, fand aber dafür so viele Besucher, daß gar mancher eine solche Fülle dort noch nicht gesehen hat...«

Schriftsteller, Künstler und Studenten hatten aber nicht gewartet, bis offiziell wieder Humor verordnet wurde. Schon 1919 veranstalteten die Schüler der Groeber-Klasse der Kunstakademie im Steinickesaal ein Künstlerfest. Otto Linnekogel lieferte die Lithographien für Programm und Einladungskarten. »Als erste größere Veranstaltung nach dem Kriege hatte es die Jugend des Künstlerhaus-Vereins übernommen, einen Festball zu veranstalten, der durch ein poetisches Spiel eingeleitet wurde«, ist in einem Bericht über den *Festball am 8. Februar 1920* festgehalten. »Verfasser und Leiter des Festspiels war Herr Walter von Miller, der selbst als Schalksnarr auftrat und versuchte, Tanzelflein, Gabriele von Lenbach, zu wekken.« 1921 lebten vertraute Faschingsfeste wieder auf: Die *Bauernkirta mit Jahrmarktsfest* in der Schwabinger Brauerei und das Pressefest *Alt-München* im Deutschen Theater. Siegmund von Suchodolsky zeichnete auf die Einladungskarte eine farbenprächtige Alt-Münchnerin; die Lithographie wurde um 10 Mark verkauft. Handfeste Bauernleut' schmückten die Einladungskarten von H. Stehr zur 25. Schwabinger Bauern-Kirta 1922. Zum *Bösenbubenball der Ehmckeklasse 1922* wurde mit einem signierten Holzschnitt von Hermann Virl eingeladen.

Für den Jubiläums-Festball des Kaufmann-Kasinos im Deutschen Theater am 22. Februar 1925 dichtete Eugen Roth das Festspiel. *König Karneval,* Fritz Basil, begann seinen Auftritt recht pessimistisch:

Einladungskarte zur Schwabinger Bauernkirchweih 1925

Durch Krieg und Schrecken aus der Welt verbannt
Kam wieder ich in mein geliebtes Land
Nach München, in die schöne Isarstadt,
Die mich so hoch geehrt seit alters hat.
Und doch! auch hier welch tolles, wüstes Treiben!
Ich bin des Amtes müd'. Ich mag nicht bleiben.
Sind das die Feste noch, die uns entzückten,
Die Menschen, die die ganze Welt beglückten
Mit ihrer wundervollen Fröhlichkeit?
O weh, wie hat verändert sich die Zeit!

Natürlich endete das frohe Spiel mit Jubel, Trubel, Heiterheit.

Der *Verein deutscher Kunststudierender* lud mit farbenfreudigen Postkarten zur 26. Bauernkirta in der Schwabinger Brauerei. Hier veranstaltete auch die *Gesell. Vereinigung bild. Künstler Mchns* das *53jähr. Stifdungs Fest des Theater Fereins Iglfing mit Fanenweihe und Festbal*. Zum *Gauklertag 1925* im Löwenbräukeller erschien ein kleines Heftchen, das Närrinnen und Narren über die *Festbestimmungen* aufklärte. Erwünschte »Kostumes« waren: Troßweiber, Soubretten, mutige Acrobatinen, Tierbändigerinnen, graciöse Tänzerinnen auf hohem Seil, schwarze Zigeunerinnen, Trommelschläger, Jongleure, Teufelsaustreiber, gestrenge Scharfrichter, Bärentreiber usw. Der Eintritt kostete 6,50 Mark. Das großformatige Gedenkblatt wurde von Fritz Erler gezeichnet. Die Vorsitzenden des Münchner Bühnenclubs, Max Halbe und August Weigert, luden zu 13 Faschingsfesten in die *Bonbonniere* ein. »Als antike Gaudi, im Geiste des guten alten Schwabing«, veranstalteten die *Die Argonauten, Bund zeitgenössischer Dichter und Kunstfreunde* ihr Faschingsfest im Steinickesaal unter dem Motto *Die Argonauten oder das*

Einladungskarte, gezeichnet von Siegm. v. Suchodolsky

goldene Gfrieß. In Horst Stobbes Bücherstube am Siegestor wurde eine Kostümberatungsstelle eingerichtet, damit das *Kostümfest zu Ehren von E. T. A. Hoffman*, veranstaltet von der Gesellschaft der Münchner Bücherfreunde mit dem Bund der Deutschen Gebrauchsgraphiker und der Ehmckeklasse der Kunstgewerbeschule, in die Geschichte des Münchner Faschings einging. Gestalten aus den Erzählungen des Dichters wurden zum Leben erweckt: Der Ritter Gluck, der Kapellmeister Kreisler, der Archivarius

Einladungskarte, gezeichnet von Ernst Andreas Rauch

Lindthorst, Klein-Zaches, Peter Schlemihl, Copelius, Spalanzani tanzten Tango, Fox oder Charleston. Der Eintritt war nicht billig, Herren bezahlten 10 Mark, Damen 6 Mark.

Georg Schaumberg dichtete, und Fritz Neupert komponierte das Festspiel *Alt- und Jung-München* für das Pressefest 1927 im Deutschen Theater. Das Staatstheaterballett tanzte den Tanz der Morisken, Gavotte, Kontertanz, Walzer, modernste Tänze bis zum Galopp. *Literaturgeschichte in einer Nacht* erlebten die Gäste der Argonauten im Hotel *Vier Jahreszeiten*. Die Einladung machte zur

Vorschrift: »Man kommt als Homer oder Theodor Däubler, als schöne Helena, Madame Chauchat, als Hölderlin, als Courths-Mahler oder als Paolo und Franceska, als Lulu, Jungfrau von Orleans, als Korff oder Palmström...« Sogar der Bonifatius Kiesewetter und der Lazarettgehilfe Neumann wurden nicht ausgeschlossen. Eine elegante Dame, gezeichnet von Julius Diez, lud zum Festball des Künstlerhausvereins. »Wie bin ich am schönsten«, mit dieser Frage windet sich ein Fragezeichen vor der Schönen mit dem Spiegel. »Lustiges Volk, groteske Künstlertypen in phantastischen Kostümen« wünschten sich die Studenten der Kunstakademie zum Künstler-Karneval *Schwabylon* in der Schwabinger Brauerei am 23., 25., 27. Februar 1927. Im Festausschuß wirkten unter anderem mit: Josef Henselmann, Anton Lamprecht, Wolf Panizza, Ernst Andreas Rauch, der auch die reizende Einladungskarte schuf. Erstmals wieder nach dem Krieg lud der *Verband Münchener Berufs-Modelle* 1927 zum *Modell-Ball* im Konzerthaus Blüte.« »Es besteht keinerlei Kostümzwang, um von vornherein eine angenehme Stimmung zu schaffen«, ist auf der Einladung zu lesen.

Das Deutsche Theater war 1928 wieder eine echte Faschingshochburg. Bei der Durchsicht der Einladungskarten und der Programme zeigen sich Meisterwerke der Gebrauchsgraphik. Ladilaus Czettel zeichnete auf dem Umschlag der Einladung zur *Venezianischen Nacht*, die von Hans Gruß 1928 wieder für das Deutsche Theater erneuert wurde, ein elegantes Paar, stolze Venezianer. Das Visier war strengste Vorschrift für Damen und Herren.

»Unkostümierte Herren tragen über dem Frack den venezianischen Mantel, auf dem Haupt die Tricorne mit Kokarde. Sogenannte Russenkittel gestattet der Festausschuß nicht.«

Verlag und Redaktion des *Simplicissimus* stellten ihr Fest unter das Motto *Miss Lind und der Matrose*, nach dem Roman von Hans Leip. Beim »Jägerball 1928« waren, natürlich neben Frack, Smoking und Abendkleid, nur jagdhistorische, antike, mittelalterliche und neuzeitliche Kostüme zugelassen, nicht dagegen Dirndlkleider und kurze Lederhosen. Eine Nacht am Hofe des Prinzen Werbo versprach *Das Fest in Reklamien*. Das Tanzorchester dirigierte Bernhard Etté, die Balettmusik war von Peter Kreuder zusammengestellt. Für den Festball *Feuer* des Künstlerhausvereins schuf wieder einmal Julius Diez eine großformatige Einladungskarte. Zu den *Indischen Künstlerfesten* der Künstlerzunft *Nateswara* in der Schwabinger Brauerei waren Steinträger, Pierrots, Oberlandler etc. nicht erwünscht, auch Herren mit Turban, Fez oder Schärpe gelten als Nichtkostümierte. Willi Geiger war der geeignete Künstler für die Ausstattung des »Spanischen Zirkus« im Tattersaal. Beim Festball des »Bayerisch-Preussischen Hilfsbunds« in den Räumen der Preußischen Gesandtschaft begrüßte das *Münchner Kindl* die Gäste recht freundlich:

I möcht doch meine lieben Preißen
In meiner Stadt willkommen heißen.

Einladungskarte, gezeichnet von Ladislaus Czettel

Einladungskarte, gezeichnet von Abbmann

Einladungskarte, gezeichnet von Henel

Von Hans Gruß in Szene gesetzt wurde der *Mode-Ball* am 5. Januar 1929 im Deutschen Theater. Regie führte Joe Furtner, das unübertroffene Tanzorchester Marek Weber spielte. Der Preis für Parterrelogen betrug 15 Mark. Die Einladungskarte zierte eine elegante Dame, *oben ohne,* von Ladislaus Czettel gezeichnet. Beim *Jäger-Ball 1929* leitete die Ballmusik mit 25 Solisten »der beliebteste und populärste Tanz-Kapellmeister des Kontinents«, Bernhard Ette. Ernst Penzoldt zeichnete die originelle Einladungskarte zum Faschingsfest der Argonauten im Hotel *Vier Jahreszeiten.* »Vorausgesetzt wird die Kenntnis der Schöpfungsgeschichte, in der von Adam und Eva, vom Garten Eden und jenem Baume der Erkenntnis erzählt wird.« Das Motto des Festes *Literarisches Parodies* war daher mehr als berechtigt. »Besser als Adam und Eva erschiene uns schon Adamson und Elida, Kain und Arabella, David und Chokoladekiddy...« Beim Karl-May-Fest am 10. Februar 1929 rauchten die »Großen Stämme des Ehmckekreises und der Gesellschaft der Münchener Bücherfreunde das Kalumet des Friedens miteinander«.

Am Ende der zwanziger Jahre, 1930, zeigte es sich deutlich, daß in München wieder echter Künstlerhumor blühte, die Einladungen zu den Faschingsfesten zeigen nicht allein Humor, sondern auch vollendetes Können. Der Tierpark und der Reklame-Verband verzauberten Welten, riefen nach schönen Frauen und nach tapferen Karl-May-Gestalten bei der »Karawane« im Deutschen Theater. So schön, so elegant und so eitel, wie nur möglich, sollten die Gäste zum *Triumph der Eitelkeit* des Münchner Bundes kommen. Die Luitpold-Betriebe trumpften 1930 gewaltig auf. Die Ausstattung der Räume hatten Josef Geis und Erich Wilke besorgt. Zum Künstlerfest *Wiener G'schnas* am 5. Februar kamen Waschermadl, Stiefelputzer, Deutschmeister, Gigerl, Fiaker usw. Die Zeitschrift *Jugend* wählte am 7. Februar das Motto »Jugend schützt vor Torheit nicht«. Regie führten Hans Strich und Gustl Weigert beim Künstlerfest *Nur 1 Groschen-Ball* am 8. Februar. Selbst die Kunststudenten feierten am 12. ud 18. Februar ihr Künstlerfest *Schwabylon* im Luitpold.

Der Fasching der zwanziger Jahre war nach einem mühevollen Anlauf wieder zum alten Glanz emporgestiegen.

Hermann Roth konnte daher mit Recht die Gaukler 1929 zur »Lustigen Nacht« auffordern:

Da gibt es eine lustige Nacht,
Man tanzt und trinkt und tollt und lacht,
Genießt in vollen Zügen,
Das seltene Vergnügen.

DER FASCHINGSPRINZ REGIERT WIEDER

1928 regierte in München wieder ein Faschingsprinz, und die Münchner erfreute wieder ein Faschingszug. Gustl Annast bestieg als Gustl I. von Hofarkadien den närrischen Thron. Max Hafner, der Münchner Faschingschronist, stellte 25 Jahre später recht nüchtern fest, daß der Umzug »bescheiden, um nicht zu sagen dürftig« war. »Es ermangelte nicht nur an Geld, auch die Lust zur Beteiligung war noch ziemlich gering. Zudem fehlte das Militär...«

Unter der Gesamtleitung von Kommerzienrat August Baumgärtner wurde der Faschingszug 1928 organisiert. Im Zugausschuß saßen so erfahrene Faschingsstrategen wie Hermann Hoser, Karl Steinacker, Richard Braunbeck, Karl Schneider u.a. »Die erste frohe Überraschung, die der Sonntag den Münchnern brachte, kam vom Wettergott«, berichtete die *München-Augsburger Abendzeitung* am 20. Februar 1928. Volle drei Stunden benötigte der Faschingszug vom Bavariaring bis zur Brienner Straße. Voraus: Berittene Hüter der Ordnung. Der erste Höhepunkt war der Wagen *Verschiedene Gestalten der Weltliteratur;* Max und Moritz, Winnetou, Gretchen, die Fromme Helene, Tante Frieda tobten herum. Die begeisterten Zuschauer erlebten den *Amtsschimmel,* die *Vereinfachung des Staatsbetriebs,* den *Parlamentswagen,* den *Dawesplan.* Dem Reporter war es nicht möglich, jedes Einzelbild festzuhalten. »Den Charlie Chaplin aber darf man wohl nicht totschweigen, ohne sich an der deutschen Filmseele zu versündigen.« Beim Blättern im Programmheft, das der Maler Albert Reich hübsch illustriert hat, stößt man immer wieder auf interessante Gruppen. *München als Fußball-Hochburg* beschwor der Schauwagen des F.C. Bayern. »Hier werden Parteisuppen gekocht!« verkündete der Wagen *Inser Rathaus. Ein genehmigtes Münchner Hochhaus* stellte sich in der Idealform eines Maßkrugs vor. Für die Untergrundbahn hatte schon der Trachtlfinger Bot' seinen alten Botenwagen gestiftet. Erstaunen erregte die *Einverleibung Münchens in Pasing*. Das Narrenschiff mit dem Prinzen und dem Elferrat der Narrhalla wurde von 60 Laternenträgern und 16 berittenen Clowns begleitet. Den *Nachtrab und Kehraus* eröffnete das *Goldene Wiener Herz*, dann kamen der Gesangverein Keuchhusten, der Schnapsteufel, Schwammerlsucher, Geldbeutelwäscher usw.

Der Fasching anno 1928 war begleitet vom Auftreten der Schäffler mit ihrem Schäfflertanz. In den 27 närrischen Tagen des Faschings wurden 596 Tänze aufgeführt. Nach 32jähriger Pause feierten die Metzger am Rosenmontag am Marienplatz ihren historischen Metzgersprung. Leider kam es dabei zu üblen Ausschreitungen; 174 Personen mußten ärztlich versorgt werden.

Sicherlich aber wirkte auf die Leser der *München-Augsburger Abendzeitung* die anschließende Meldung über den baldigen *Ausschank des Salvators* sehr beruhigend. Nach Krieg, Revolution und Inflation war das Münchner Jahr wieder in die gewohnten Bahnen eingemündet.

Faschingszugführer München 1928, erschienen im Verlag: Faschingzugausschuß, München

INDER, ALLIGATOREN UND LIPPEN-NEGERINNEN AUF DER WIES'N

Zu einem *Volksfest*, einem *Herbstfest*, einem *Ersatz-Oktoberfest* trafen sich die Münchner nach dem 1. Weltkrieg auf der Wies'n. Die bäuerliche Verwandtschaft vom Land ließ sich noch nicht sehen, der Herr Vetter in der Stadt war jetzt doch ein armer Schlucker.

1921 ging es wieder etwas aufwärts, jedoch recht fidel wurden die Münchner auch 1922 nicht, die Inflation hatte den Preis für ein Hendl auf 200 Mark und für 1 Maß Wies'n-Bier auf 50 Mark hinaufgetrieben. 1923 und auch noch 1924 lehnte der Stadtrat die Abhaltung eines Oktoberfestes ab.

»Nur a Bier muaß i ham, sunst hau i allas z'samm!« Dieses Lied erklang endlich wieder 1925. Da die Wies'n-Maß jetzt nur mehr 1 Mark kostete, wurden die Münchner und ihre bayerischen Landsleute ziemlich durstig und kurbelten kräftig den Umsatz der Münchner Brauereien nach oben. Die wirtschaftliche Bedeutung dieses Festes stellte die Zeitschrift *Münchener Leben* am 5. Oktober 1925 deutlich heraus:

»Auf unzählige Geschäftsleute, die vor dem Niedergang standen, wirkte das Oktoberfest aufmunternd und so mancher konnte sich wieder einen Grundstock schaffen zu neuer Existenz. So ist und bleibt das Oktoberfest von alters her ein guter Regulator für das Münchener Geschäftsleben. Hunderttausende aus allen Winkeln des Vaterlandes trugen ungeheuere Summen in die Stadt und belebten damit Handel und Wandel.«

Plakat, Entwurf von Max Eschle

Maßkrugwäsche auf dem Oktoberfest. Foto von Kester und Co., München

Natürlich wartete der Schausteller Carl Gabriel 1925 wieder mit ausgesuchten Attraktionen auf. In seinen *Illustrierten Münchener Oktoberfest-Nachrichten* berichtete er darüber ausführlich. In *Gabriels Abnormitäten-Schau* war zu besichtigen: »Elvira, unstreitig das jüngste kolossalste Mädchen der ganzen Erde«, 15 Jahre jung und ca. 5 Zentner schwer; dann »Maridel«, die schönste Riesin, und »Ara, das Naturwunder, das Mädchen mit dem Vogelkopf, die sogenannte Aztekin«. Als *Glanzpunkt* zeigte Gabriel »John Hagenbecks große Völkerschau – Indien in München«; Akrobaten, Tänzer, Bajaderen, Fakire boten artistische Leistungen, und im Dorf stellten indische Handwerker, Spitzenklöpplerinnen usw. ihr Können unter Beweis. Carl Gabriel, in der Nähe von Breslau geboren, hat sich immer als echter Münchner gefühlt, der bemüht war, seinen »lieben Münchnern« mit seinem Unternehmen »manche frohe genuß- und auch lehrreiche Stunde bereitet« zu haben. In seinen *Oktoberfestgedanken* hat der große Schausteller von seinen Erfolgen berichtet: »Ich will heute von meinen Lichtspielhäusern gar nicht sprechen, obwohl meine Arbeit in der Entwicklung des Filmes einen großen Teil der Geschichte der Lichtspielkunst überhaupt darstellt, ich will heute nur vom Oktoberfest erzählen, das sich der Münchner seit einer langen Reihe von Jahren ohne Carl Gabriels Schaustellungen gar nicht mehr denken könnte. Ich war stets bestrebt, zu jedem Oktoberfest epochenmachende Neuheiten zu bringen, und jeder ältere Münchner wird sich wohl mit Vergnügen an die längst entschwundenen Zeiten erinnern, wo ich es unternahm, ganze Völkerkarawanen nach München zu bringen, wie die Aschantis und Futa-Neger, Kabylen und Sudanesen, Marokkaner und Beduinen, Indianer und Oberst Cody mit seinen Cowboys. Die Schlagworte *Tunis und Tripolis in München* leben wohl noch in Erinnerung vieler Münchner, ebenso die *Märchenstadt Liliput*, die das größte Entzücken der Bevölkerung bildete. Ferner die erste Achterbahn, die 70 Eisbären, die Hexenschaukel...«

Nun riskierte es auch Josef Benno Sailer wieder, seine Zeitung *Münchner Oktoberfest* zum Preis von 10 Pfg. erscheinen zu lassen. Majo Sailer zeichnete die Titelbilder und die Illustrationen. In seinem gereimten *Fest-Gruß* schrieb Sailer 1925, daß wegen des Verbots des Oktoberfests 1924 die »k. b. Volksseele auf das gröblichste verletzt« war und deshalb das »rote Regiment« im Rathaus gestürzt wurde. Karl Scharnagl, der neue Oberbürgermeister, fand volle Anerkennung, denn:

> Warm nahm um's Oktoberfest da,
> Das man sinnlos uns geraubt,
> Sich mit aller Energie an
> Münchens neues Oberhaupt.

Dichter und Schriftsteller waren immer eifrige Besucher der Wies'n. Julius Kreis erzählte von der Bierbude, vom Glückshafen, vom Pferdegespann, vom *Lukas*. Josef Maria Lutz erlebte die traurige Ballade vom Ochsen August, den sein Besitzer unter Tränen in der Ochsenbraterei verzehrte. Ernst Hoferichter ließ sich vom Schichtl hinrichten. Der amerikanische Dichter Thomas Wolfe, für den »München eine Art von deutschem Paradies« war, erlebte auf der Wies'n keine paradiesischen Zustände, er bekam fürchterliche Prügel. In einem Brief an Aline Bernstein erzählte er am 4. Oktober 1928:

»Ich hatte sieben oder acht Liter getrunken – das heißt fast einen Liter Alkohol – und war völlig betrunken. Ich ging durch einen Gang zu einem Seitenausgang, wo ich ein paar Männer traf... Sie standen im Gang neben ihren Tischen und sangen vielleicht noch ein Trinklied vor dem Nachhausegehen. Sie sprachen mich an – ich war zu betrunken, um sie zu verstehen, aber es war bestimmt freundlich gemeint. Von dem, was sich dann zutrug, kann ich nur das beschreiben, worauf ich mich besinnen kann, denn da sind einige Lücken und Löcher in meiner Erinnerung.«

Wolfe gab einem der Männer einen Stoß, daß er über einen Tisch fiel. Es kam zu einer Rauferei, bei der Blut floß. »Ich hatte eine so wahnsinnige Wut, daß ich mich überhaupt nicht fürchtete, aber mir war, als ertränke ich in Schlamm – in Wirklichkeit war es Blut, das mir vom Kopf in die Augen rann. Halb erstickt, nach Luft ringend, ertrank ich in einem Meer von Schlamm...«

Das Oktoberfest 1928 war für die Stadt finanziell recht erfolgreich, Carl Gabriel zeigte eine *Riesen-Völkerschau*, der *Zeppelin* war ein interessierter Zuschauer. Gabriel überraschte 1929 mit den Alligatoren *Aus den Flüssen Floridas* und 1930 mit den Lippen-Negerinnen. Auch die kleinen Schaubuden fanden ihre Besucher, diese interessierten sich für Lionel, den Löwenmenschen, für den Elektro-John, für das Marsweib, für die Frau mit dem Vollbart, für ein altes Krokodil, für Riesenmenschenaffen.

Mit den Augen des Malers, dem München zur Heimat wurde, sah Max Unold Kunst und Kitsch auf der Wies'n. In seinen besinnlichen Betrachtungen *Zwischen Atelier und Kegelbahn* (1939) schrieb er:

»Gott sei Dank, daß Vernünftigkeit oder gar zielbewußtes Kunstgewerbe hier so wenig mitzureden hatten! Es freut einen, daß die feine Münchner Tradition der Seidl-Epoche in mancher Architektur nachwirkt, aber der prachtvolle Kitsch dicht daneben dürfte um keinen Preis fehlen. Man fragt sich, wer nun eigentlich so ein Karussell entwirft, welchen Gehirnen die Einfälle für die Ausgestaltung dieser Buden und Zelte, dieser Teufelsbahnen, Krinolien und Russischen Schaukeln entspringt. Es müssen Köpfe sein, die es verstehen, daß gerade jene Effekte das Publikum anziehen, die, dem sachlichen Baumeister ein Greuel, das Auge des Malers bis zur Begeisterung entzücken.

Kein Wunder, daß in der Kunststadt München immer wieder unternommen wurde, diese Impressionen malerisch wiederzugeben, die freilich in ihrer Totalität in keinem Gemälde erfaßt werden können. Nur wer mit allen Sinnen sich hingibt, genießt und erlebt das *Gesamtkunstwerk* der einzigartigen Veranstaltung.«

KLEINER SCHWARM FÜR SCHWABYLON

Den ersten Weltkrieg konnte Schwabing noch einigermaßen heil überstehen. Der Soldatentod von Albert Weisgerber und Franz Marc riß eine schwere Lücke in die Phalanx der großen Münchner Künstler. Die Revolution von 1918/19 sah Kurt Eisner, Erich Mühsam, Gustav Landauer und Ernst Toller auf den Barrikaden.

Schwabing lebte in den zwanziger Jahren wieder auf. In der *Schwabinger Brauerei*, im *Bunten Vogel*, im *Grünen Schiff*, in der *Blüte*, im *Reigen* wurde gefeiert. In der *Brennessel* regierte Carl Loibl, im *Simplicissimus* die Geschäftsführerin Kathi Kobus. Im Haus des Schriftstellers Fritz Reck-Malleczewen, der im Februar 1945 im KZ Dachau umkam, wurde 1930 der Tukan-Verlag gegründet, der sich unter der Leitung von Rudolf Schmitt-Sulzthal zum Tukankreis erweiterte. Alte und junge Schwabinger trafen sich in der Barer Straße im *Zwiebelfisch*, Wolfgang von Weber, P. P. Althaus, Ernst Klotz, C. G. von Maassen, Willy Seidel und Gustl Weigert waren die tragenden Säulen dieser

Cafe Stephanie = Cafe Größenwahn, Türkenstraße 58

musikalisch-literarischen Vereinigung. Der Kulturboden Schwabings wurde allmählich reif für eine literarische Ernte. Klabund huldigte 1920 seiner Freundin Marietta, 1921 schwärmte René Prévot: »Du, mein Schwabing!«, Hans Reiser und Willy Seidel schrieben erfolgreiche Schwabing-Romane, in Büchern der Erinnerung schwelgten Joachim Ringelnatz, Korfiz Holm, Max Halbe und Otto Falckenberg. Mit geschickter Hand hat 1921 der Silhouettenschneider Ernst Moritz Engert *Schwabinger Köpfe* verewigt.

Das Künstlerviertel Schwabing hat viele Namen. Die Künstler lebten gern im Münchner *Quartier latin*, die Philosophen im *Vorort einer neuen Welt* und völkisch gesinnte Germanen verachteten die *Pestbeule München*. Franziska Reventlow prägte 1913 für Schwabing den Begriff *Wahnmoching*. Eine Rückschau auf das Vorkriegs-Schwabing gab 1921 der Österreicher Roda Roda in seinem Buch *Schwabylon oder Der sturmfreie Junggeselle*. Nach Roda Roda »zerfällt der Einwohner der kgl. bayer. Hauptstadt a) in

Einladung zum Faschingsfest »Wahnmoching« am 26.1.29 in der Pension Belgradstr. 57. Zeichnung Ernst Moritz Engert.

Einladung zum Fürmannfest; Holzschnitt: Walter Oberholzer

Menschen, b) in Zuagroaste«. Da die Zuagroasten aus Preußen und Schlawinern bestehen, wird eine Sprachverwirrung hervorgerufen, »darum heißt der Stadtteil Schwabylon, und was dort vorgeht, davor muß man die Jugend und den Bürger hüten«.

Der Simpl-Wirt Theo Prosel gab 1951 seinen Erinnerungen den Titel *Freistaat Schwabing* und René Prévots *Kleiner Schwarm für Schwabylon* war 1954 eine Liebeserklärung für einen Stadtteil, dessen Grenzen nicht anzugeben sind. Prévot, der miterlebt und mitgestaltet hat, erzählt: »Zu den alten Schwabingern kamen neue hinzu, und im »Simpl« zogen Sterne erster Ordnung ein. Theo Prosel kam zur Kathi, Walter Hilbring, der einzige in allen Regierungsjahren Kathis, der im Frack auftreten durfte und sogar mußte, und vor allem Fred Endrikat. Mit ihnen kam der neue Ton.«

Auch in der berühmten Pension Fürmann traf sich wieder ganz Schwabing und feierte die Feste, wie sie fielen. Wenn aber kein Fest fiel, dann hatte Heinrich Fürmann die erlösende Idee, die seine Freunde in die Belgradstraße rief – und alle, alle kamen. Im Gästebuch der Pension Fürmann, das René Prévot erbte und heute stolzer Besitz der Handschriften-Abteilung der Münchner Stadtbibliothek ist, dokumentieren Gedichte, Zeichnungen oder Einladungskarten, zumeist entworfen von Ernst Moritz Engert oder Walter Oberholzer, den Schwarm der Münchner und der Zuagroasten für Schwabylon.

STARKE MÄNNER, SCHNELLE DAMEN, SCHARFE SCHÜTZEN

Josef Straßberger, München, seit 10 Jahren der beste deutsche Gewichtheber

Erst 1928 in Amsterdam konnten sich Münchner wieder mit olympischem Lorbeer schmücken. Josef Straßberger gewann eine Gold- und Hans Wölpert eine Bronze-Medaille im Gewichtheben. In der 4×100-m-Frauenstaffel erreichte Rosa Kellner eine Bronzemedaille. Auch 1932 in Los Angeles waren Münchens starke Männer Medaillengewinner, so Rudi Ismayr, Wolfgang Ehrl, Hans Wölpert, Josef Schleinkofer, Hans Ziglarski und Josef Straßberger.

Nach dem Entwurf und unter der Leitung von Oberbaurat Karl Meitinger entstand das Dante-Stadion und das Familienbad an der Dantestraße. Die Tribüne faßt 1000 Personen, betonierte Zuschauerreihen rund um die Kampfbahn 24000 Plätze, sogar an einen Autoparkplatz für 400 bis 500 Kraftfahrzeuge wurde gedacht.

In der 1950 erschienenen Festschrift *50 Jahre F.C. Bayern München e.V.* wird das Spieljahr 1925/26 besonders hervorgehoben: »Sportlich wurde das Spieljahr 1925/26 ein voller Erfolg. Zum ersten Male in der Clubgeschichte errangen wir den stolzen Titel *Süddeutscher Meister* in einem aufsehenerregenden Spiel. Spielführer war unser *Kurvenfritzl* Kienzler. Die Stürmerreihe war ein bis jetzt in der Bayerngeschichte nicht mehr erreichter Sturm mit Kienzler, Dietl, Pöttinger, Schmid II. und Hofmann Wiggerl. Er schoß in dieser Spielzeit insgesamt 176 Tore, von denen allein 57 Tore auf den Schützenkönig Pöttinger kamen.«

Offizielles Festprogramm zum 18. Deutschen Bundesschießen, München 1927

»Auf nach München«, schrieb die *Festzeitung zum 18. Deutschen Bundesschießen 1927* unter der Schriftleitung von Eugen Roth. Mit einer geselligen Zusammenkunft in der Festhalle wurde am 9. Juni begonnen und mit einem Münchner Abend im Ausstellungspark am 19. Juli war das Fest beendet. An den Tagen dazwischen wurde auch geschossen.

Am 22. Februar 1979 feierte Ernst Henne, der 76 Weltrekorde fuhr, den 75. Geburtstag. Der *Münchner Merkur* würdigte diese einmalige Leistung: »München, 19. September 1929: Ein Motorradfahrer rast in wahnsinnigem Tempo die Ingolstädter Landstraße hinunter, vom Bahnhof Lohhof zur Kreuzstraße und zurück. Der Mann heißt Ernst Henne, das Mittel beider Fahrten beträgt 216,750 Kilometer pro Stunde. Damit hat Henne seinen ersten Weltrekord fixiert, 75 weitere sollten folgten in einer Karriere sondergleichen...« Als Mitglied des Automobil-Clubs München erkämpfte Henne 1926 mit einer 500 ccm BMW die Deutsche Meisterschaft.

Bei den Europameisterschaften der Gewichtheber im Oktober 1930, veranstaltet von der *Dama,* wurde in der Festschrift besonders Josef Straßberger gewürdigt, der bereits 1920 Deutscher Meister im Mittelgewicht wurde.

DICHTER, SCHRIFTSTELLER, JOURNALISTEN

BÜCHERN BIN ICH ZUGESCHWOREN

In seinem Buch *Schwabylon oder Der sturmfreie Junggeselle* gab der österreichische Dichter Roda Roda 1922 eine Liebeserklärung an München ab. Dabei erschien auch eine Bestandsaufnahme der Münchner Dichter und Schriftsteller:

»Es leben in München (ich nenne sie, um niemand zu verletzen, in alphabetischer Reihenfolge): Achtleitner, Adelt, Gräfin Baudissin, Becher, Justizrat Bernstein, Blei, die Böhlau, Bonsels, die Brachvogel, Brandenburg, M. G. Conrad, die Croissant-Rust, Falckenberg, Feuchtwanger, die beiden Frank (Bruno und Leonhard); Frey; die Godwin; Gumppenberg, Gütersloh, Halbe, Henckel, Georg Hirschfeld, Korfiz Holm, Ricarda Huch, Frau Janitschek, Johst, Georg Kaiser, Klabund, Langheinreich, die Brüder Mann, Kurt Martens, v. Maßen, A. de Nora, Ostini, Owlglaß, Prévot, Przybyszewski, Pulver, Rehse, Rieß, Ringelnatz, Roda Roda, Peter Scher, Schmidtbonn, Seeliger, Willy Seidel, Speyer, Sternheim, Therese Prinzessin von Bayern, Thoma, Wolffenstein, Wolfskehl und Ziersch. – Sollt ich, Gottbehüte, einen vergessen haben?

In dieser Gemeinde ist – ganz anders als bei den Malern – tiefster Friede. Gewiß: die Jüngeren beschimpfen die Alten öffentlich. Doch man weiß diesen Dienst zu schätzen; man ist wieder für einen Tag der Vergessenheit entrissen worden und revanchiert sich, indem man ein junges Talent fördert.«

Im gleichen Jahr – 1922 – veröffentlichte Franz Blei im Berliner Rowohlt-Verlag *Das große Bestiarium der modernen Literatur*, Olaf Gulbransson lieferte zu Bleis Boshaftigkeiten die passenden Karikaturen. Der gewandte Münchner Literat vergaß natürlich nicht besonders seine Münchner Freunde vorzustellen, so z. B. Klabund und Annette Kolb:

»Der Klabund. Der Klabund ist ein überaus buntfarbiger Kugelkäfer, dem seine natürliche Buntheit noch nicht genügt. Wo immer er was farbiges findet, rollt er sich darin herum, so lange, bis er auf seinen kleinen Stachel einiges davon aufgespießt hat, was ihn noch bunter erscheinen läßt als er ist. Solches macht dem Klabunde Spaß.

Die Kolbannette. Ist der Name einer Edelziege von vornehmem Pedigree. Ihr Fell ist seidig und hat einen Schimmer ins Romantisch-Blaue . . .«

Zum *Tag des Buches 1929* versuchte die *Münchner Zeitung* am 22. Dezember 1929 *Bayerische Dichter und ihre Werke* vorzustellen. Mit kurzen Angaben wurden z. B. erwähnt: Johannes R. Becher, »der seine Kunst in den Dienst der Politik gestellt hat«, Georg Britting, »ein vielversprechendes kräftiges Talent«, Hans Carossa, »ein wirklicher ernstlicher Dichter«, Leonhard Frank, »augenblicklich auf der Höhe seines Ruhms«, Alexander Moritz Frey, »der weithin bekannte Dichter der Groteske«, Ernst Penzoldt, »ein besonders feinsinniger und hochkultivierter Erzähler«, Hans Reiser, »ein Dichter des Vagabunden- und Strolchlebens«, Benno Rüttenauer, »ein sehr geschätzter Erzähler«, Josef Schanderl, »ein Lyriker mit guten Namen«, Hermann Sendelbach, »der oft einen süßen Ton zu treffen weiß«, Jakob Wassermann, »einer der berühmtesten und gelesensten Romanciers«, Wilhelm Weigand, »ein hochgeschätzter kultivierter Erzähler«.

Katalog der lieferbaren Bücher des Verlags Georg Müller

Bruno Frank, Bücher verkaufend

»Vielleicht steht es um das dichterische München heute besser als vor dem Kriege, und es kommt eben nur darauf an, ob man in alle Zukunft die Kunsthöhe nach guten oder schlechten Geschäften der Makler und dem Maße behördlicher Förderung beur-

Oskar Maria Graf und seine Mutter, um 1930

teilt«, schrieb Arthur Hübscher im Vorwort zu seiner 1929 erschienenen Anthologie *Münchner Dichterbuch*. Dichter und Schriftsteller stellten ihre schreibenden Freunde vor. So schrieb Ernst Penzoldt über Paul Alverdes, Hans Brandenburg über Penzoldt, Alfons von Czibulka über Johannes von Günther, Ludwig Gorm über Ruth Schaumann, Konrad Weiß über Regina Ullmann, Joseph Bernhart über Konrad Weiß und abschließend Arthur Hübscher über Marie Luise Weißmann.

Ende der zwanziger Jahre war die Gemeinde der Dichter und Schriftsteller schon erheblich angewachsen, sie fanden in München Lebensmöglichkeiten, sie fanden aber auch die Verlage für ihre Geisteskinder. So betreute z. B. der Albert Langen-Georg Müller-Verlag: Elsa Bernewitz, Helene Böhlau, Max Halbe, Korfiz Holm, Hanns Johst, Gustav Meyrink, Willy Seidel, Kuni Tremel-Eggert, Lu Volbehr und Josef Magnus Wehner. Kürschners *Literatur-Kalender* von 1930 zitiert auf zwei Seiten die Namen von 234 Münchner Autoren.

Auf Vorschlag von Lion Feuchtwanger kam 1922 Bert Brechts Drama *Trommeln in der Nacht* in den Kammerspielen in der Augustenstraße zur Uraufführung. Feuchtwanger schrieb im Oktober 1922 im *Pro-*

gramm der Kammerspiele über Brecht: »Da ist sein erstes Stück, *Trommeln in der Nacht.* Es setzt ein wie ein wildes revolutionäres Volksstück. So etwa als ob einer *Kabale und Liebe* heute schriebe, nur natürlich aus unserer Zeit heraus, weniger sentimental und dafür mit einer sonderbaren, bitteren, ungestümen Sachlichkeit. Auf diese Art werden die drei ersten Akte zum weitaus besten deutschen Revolutionsstück, himmelweit natürlich von aller politischen Tendenz.«

Thomas Mann. Aus der Dichtergalerie im Steinicke-Saal (1926)

Thomas Mann: Herr und Hund. Buchschmuck: Emil Preetorius. Vorzugsausgabe

Um eine Entscheidung zur Verleihung eines Münchner Dichterpreises dem Stadtrat zu erleichtern, wurde 1927 eine Kommission eingesetzt der Peter Dörfler, Katharina Godwin, Hans von Gumppenberg, Hans Ludwig Held, Thomas Mann, Emil Preetorius und Wilhelm Weigand angehörten. Erstmals wurde dieser Preis 1927 dem Arzt und Dichter Hans Carossa verliehen. In den zwanziger Jahren erschienen die ersten drei Werke: *Eine Kindheit, Rumänisches Tagebuch* und *Die Verwandlung einer Jugend.*

1974 starb Marieluise Fleißer, die Theater-Pionierin aus Ingolstadt, im Alter von 72 Jahren. Rainer Werner Faßbinder, Martin Sperr und Franz Xaver Kroetz sind Geistesverwandte. In seinem Nachruf schrieb Armin Eichholz am 4. Februar 1974: »Die Karriere begann für die Ingolstädter Eisenwarenhändlerstochter auf einem Münchner Faschingsfest, sitzend auf der Schulter von Bruno Frank, der ihr den Lion Feuchtwanger vorstellte und sie pries als *die Frau mit dem schönsten Busen Mitteleuropas* (sie hat es selber erzählt). Das sprach sich herum. Sie wollte aber auch schriftstellerisch mithalten, traf auf Bert Brecht, der sie dann davon abhielt, weiter Theatergeschichte zu studieren, sie zu sich nach Augsburg holte und zum Stücke-Schreiben nötigte...«

Über *Schwabing 1920* erzählt Wilhelm von Schramm in seinen 1979 erschienenen Erinnerungen *Die Bücherkiste*. Er begegnete auch Oskar Maria Graf, damals noch Autor des Verlags Heinrich F. S. Bachmair, der soeben Grafs Gedichte *Amen und Anfang* verlegt hatte. Schramm erzählt: Graf »hatte viel gelesen und las viel; seine Beziehungen zur Literatur waren die eines Heißhungrigen, der nicht immer die beste Kost sucht. So wurde auch sein Atelier im vierten Hinterhof in der Arcisstraße zu einem literarischen Umschlagplatz in Schwabing, zu einem Sammelplatz der Jungen... Aber Graf hatte eben auch eine andere Seite. Er war ein *Lackl*, wenn es ihm paßte. Er besaß Feinfühligkeit in literarischen Dingen, aber er konnte im Alltag grob werden, ja ausfällig, wenn ihm dieser oder jener nicht paßte.« Seine Erinnerungen an die zwanziger Jahre hat Graf in seinem Buch *Gelächter von außen* (Verlag Kurt Desch 1966) festgehalten.

In seinem Bekenntnis *Wir sind Gefangene*, das 1927 im Dreimasken-Verlag erschien, bekannte sich Graf zu den Revolutionären von 1918/19. Auf der Gegenseite stand Hanns Johst, der den Expressionismus überdauerte und bald ein getreuer Trabant Adolf Hitlers wurde. In diesem Kreis war auch Erwin Guido Kolbenheyer zu finden, dessen Paracelsus-Trilogie erfolgreich war.

Als Expressionist begann auch der Oberpfälzer Gottfried Kölwel, aber in den zwanziger Jahren war er mit Prosa in ausgewogener Sprache erfolgreich.

Olaf Gulbransson hat für Annette Kolbs *Kleine Fanfare* 1930 einen beispielhaften Einband gestaltet und dabei die Schriftstellerin großartig dargestellt. In den Romanen Annette Kolbs leben München und die Münchner der Zeit vor dem ersten Weltkrieg. Nach Wilhelm Hausenstein ist *Die Schaukel* (1934) der »schönste München-Roman seit dem Grünen Heinrich«.

»Nobelpreis für Thomas Mann« meldete die Berliner *Vossische Zeitung* am 13. November 1929. »Die schwedische Akademie hat den Nobelpreis für Literatur dem deutschen Dichter Thomas Mann verliehen. Nach Norwegen (Sigrid Unset), Frankreich (Henri Bergson) und Italien (Grazia Deledda) empfängt damit Deutschland, dessen Wissenschaft dem Nobelkomitee schon ein stattliches Kontingent gestellt, zum erstenmal wieder seit 1912, wo Gerhart Hauptmann den Preis erhielt, die größte literarische Ehrung, die die Welt zu vergeben hat.« In den zwanziger Jahren war Thomas Mann sehr produktiv, 1920 erschien *Gesang vom Kindchen* (Rupprecht-Presse), 1921 das *Wälsungenblut* mit den Steindrucken von Th. Th. Heine, 1922 *Bekenntnisse des Hochstaplers Felix Krull*, 1923 der Vortrag *Goethe und Tolstoi*, 1924 der erfolgreiche Roman *Der Zauberberg*, der vier Jahre später bereits im 100. Tausend vorlag, 1926 die Rede *Lübeck als geistige Lebensform* und *Unordnung und frühe Leid*, 1928 *Hundert Jahre Reclam* (Festrede), 1930 *Mario und der Zauberer.* Im Rahmen der Ausstellung *Die Zwanziger Jahre in München* hielt Peter de Mendelssohn einen beachtlichen Vortrag über *Thomas Mann und München.* Dabei sagte er über die Einstellung Thomas Manns zur Revolution 1918/19: »Kurt Eisner war und blieb ihm zutiefst widerwärtig, und seine Ermordung am 21. Januar 1919 auf dem Weg zur Eröffnung des Landtags in der Prannerstraße erhöhte nur noch Thomas Manns Abscheu vor der Revolution ...«

Heinrich Mann, Thomas Manns älterer Bruder, unterzeichnete 1918 die *Erklärung des Rats geistiger Arbeiter* zur November-Revolution. In den frühen zwanziger Jahren war er bemüht die deutsch-französische Verständigung voranzutreiben, 1925 übersiedelte er nach Berlin.

Das Drama *Anja und Esther* von Klaus Mann begann mit der lesbischen Beziehung zwischen den beiden Titelfiguren. Die Aufführung der Kammerspiele fand zwiespältige Aufnahme. Tim Klein, der Kritiker der *Münchner Neuesten Nachrichten* fand das Stück »peinlich und beschämend«.

Sepp Frank: Stadtbibliotheksdirektor Hans Ludwig Held

Für zeitgenössische Dichtung und Kunst setzte sich besonders die Gesellschaft *Die Argonauten* ein, eine literarische Vereinigung, die 1927 bereits über 500 Mitglieder zählte, und Dichterabende veranstaltete bei denen die Autoren aus unveröffentlichten Werken lasen. Es muß auch erwähnt werden, daß es die *Argonauten* verstanden auch schöne und geistreiche Faschingsfeste zu veranstalten.

Ein treuer, immer hilfsbereiter Freund der Münchner Autoren war Hans Ludwig Held, der am 1. Januar 1921 hauptamtlicher Leiter der *Büchersammlung der städtischen Kollegien* wurde. In der Stadtbibliothek und in den Stadtbüchereien wurden und werden die Werke Münchner Autoren gewissenhaft gesammelt. Mit der Monacensia-Sammlung schuf Held eine Pflegestätte des Schrifttums von und über München, die Handschriften-Abteilung dokumentiert den Münchner Kulturkreis des 19. und 20. Jahrhunderts.

Die Leidenschaft zum schönen Buch hat Karl Wolfskehl, der Weltbürger, Deutscher, Jude, Münchner und Schwabinger zugleich war, im 51. Buch der *Rupprecht-Presse* ausgesprochen:

> Büchern bin ich zugeschworen,
> Bücher bilden meine Welt,
> Bin an Bücher ganz verloren,
> Bin von Büchern rings umstellt...

Trotz Krieg und Inflation ließen sich die Münchner Bücherfreunde nicht von ihrer Begeisterung für das schöne, für das interessante Buch abbringen. »Am Mittwoch, den 7. März 1923 wurde von einem kleinen Kreis, der in Horst Stobbes Bücherstube am Siegestor zusammengekommen war, beschlossen, die im Jahre 1914 eingeschlafene Gesellschaft der Bibliophilen wieder aufleben zu lassen. Die Gründungsversammlung fand am 23.3.1923 im Festsaal des Hauses Kurt Wolff statt«, schrieb Heinrich F. S. Bachmair in seiner Zeitschrift *Der Bücher-Hirt*. Noch 1923 erschienen als Geschenke der Verlage: *Die Wiegendrucke Münchens* von Ernst Weil (Verlag der Münchner Drucke) und *Gedanken zum illustrierten Buch* von Emil Preetorius (Verlag R. Piper). *Ordentliche Veröffentlichungen* der Gesellschaft waren *Über den Dichter und das Dichterische* von Rudolf Borchardt (1924), *Die Geharnschte Venus* von Caspar Stieber (1925) und die Erzählung *Ewald Tragy* von Rainer Maria Rilke (1929). Reichlich flossen die *Gaben*; die C. H. Beck-sche Verlagsbuchhandlung stiftete 1924 *Die Welt der Plakate* von Karl Kraus, Heinrich F. S. Bachmair 1927 das *allererste Heft* der Zeitschrift *Der Bücher-Hirt*, als erprobter Kenner erwies sich 1928 C. G. v. Maassen mit dem Heft *Trinke nie ein Glas zu wenig*.

Natürlich vergaßen die Bücherfreunde nicht, die Feste zu feiern wie sie fallen, vor allem der Fasching forderte seinen Tribut. Im 2. Band seines Werkes *Sammler in Bayern* erzählt Rudolf Adolph, der langjährige Generalsekretär der *Gesellschaft der Bibliophilen* in seinem Bericht über Horst Stobbe: »Da war z. B. das E.T.A. Hoffmann-Fest am 11. Februar 1925. Auf der Einladung, die mit farbenprächtigen Gestalten aus den Erzählungen des Dichters umrahmt ist, steht: ›... Bei diesem Feste sollen alle Gestalten aus den Erzählungen des Dichters lebendig werden: Der Ritter Gluck, der Archivarius Lindthorst und seine drei Töchter, die im grünen Gold erglänzenden Schlänglein, der

In der Bücherstube von Horst Stobbe. Am Tisch: von rechts: J. M. Wehner, G. Kölwel, K. Tremel-Eggert, E. Roth, R. Schaumann, H. Brandenburg, dahinter: v. r. H. Stobbe, P. Alverdes, E. Penzoldt, W. Seidel, D. Brandenburg-Polster. Ausstellung »Münchner Schrifttum« 1930

Student Anselmus...‹« Über das Fest *Zauber im Zauberberg* am 13. Februar 1926 gab Catherina Godwin einen eindrucksvollen Rückblick:

»Es erschienen die Helden des Thomas Mannschen Romans, Psychiater und Neurastheniker in Horst Stobbes Bücherstube am Siegestor. Hier war ein modernes Sanatorium gegründet, jeder Patient ein Fall für sich, Kokoschkas prangten an den Wänden, die Jazzkapelle intonierte...«

Am 1. Januar 1930 gibt Julius Rodenberg, der Bibliograph der deutschen Bibliophilen-Gesellschaften, eine Zahl von 100 Mitgliedern an, doch das Ende war bereits gekommen.

»Münchens Anteil an dem hohen Stand des deutschen Buchgewerbes beschränkt sich nicht auf die Leistungen seiner Druckereien. Vieles von dem, was auswärtige Pressen verläßt, mehr als die meisten ahnen, verdankt Münchner geschäftlichem Wagemut seinen Ursprung, Münchner künstlerischem Geschmack seine Form.«

Diese Lobeshymne auf die Buchstadt München schrieb Paul Renner als Einführung zu seinem Aufsatz *Zwanzig Jahre Muenchener Typographie*, der 1920 als Sonderdruck erschien. Für Renner war München »nicht geistiger Mittelpunkt Deutschlands, so doch einer seiner geistigen Pole: Berlins Gegenpol«.

Paul Renner, 1878 als Sohn eines Pastors in Wernigerode geboren, studierte an den Kunstakademien in Berlin, Karlsruhe und München. Für den Verlag Georg Müller arbeitete er rastlos an der typographischen Gestaltung der Bücher. Gemeinsam mit Emil Preetorius gründete er 1911 die *Schule für Illustration und Buchgewerbe*. 1918 verließ er München und kehrte erst 1925 wieder zurück, um am 15. September 1926 die Leitung der Gewerbeschule an der Pranckhstraße zu übernehmen. Am 1. Februar 1927 wurde die *Meisterschule für Deutschlands Buchdrucker* an der Pranckhstraße feierlich eröffnet und Renner die Leitung übertragen. Ehrengast war Reichstagspräsident Paul Löbe, Begrüßungsworte sprach Oberbürgermeister Karl Scharnagl. Die Aufgaben der Meisterschule erläuterte Oberstudiendirektor Renner, dem es zu verdanken ist, daß die Schule, die heutige Akademie für das graphische Gewerbe, nach München kam. Die ersten Lehrer waren, neben Renner, unter anderen Jan Tschichold, Georg Trump und Josef Käufer. 1931 ging Trump an die Berliner Kunstgewerbeschule, für ihn kam Hermann Virl. 1933 mußte Renner aus politischen Gründen die Schule verlassen, Tschichold emigrierte in die Schweiz. Ein Jahr später übernahm Georg Trump die Leitung der Meisterschule.

In Leipzig wurde Jan Tschichold als Sohn eines Schriftenmalers geboren. Seine Ausbildung erhielt er in Leipzig und in Dresden. Die Verbindung mit Renner ergab die Berufung an die Münchner Meisterschule. In der Einleitung zu dem 1977 im Dresdener *Verlag der Kunst* erschienenen Werk *Leben und Werk des Typographen Jan Tschichold* schrieb Werner Klemke: »Renner war gerade mit seiner ›Futura‹ beschäftigt und erhoffte aus der Berufung Tschicholds nach München eine Förderung seiner eigenen Ziele. So trat Tschichold am 1. Juni 1926 in den Dienst Münchens und unterrichtete die Meisterschüler und auch die Berufsschüler in der Kunst der Typographie und Kalligraphie. In den Jahren 1927 und 1928 schuf er eine große Reihe von Plakaten für die Filme des ›Phöbus-Palastes‹, eines Münchner Kinos, die noch heute bemerkenswert sind. 1928 konnte im Verlag des Bildungsverbandes

Umschlag und Titelbild von Rudolf Hesse. – Graf-Presse 1926

der deutschen Buchdrucker in Berlin sein Lehrbuch ›Die neue Typographie‹ erscheinen. Dieses Buch wurde zur Bibel aller junger Setzer… Tschicholds Filmplakate und die ganze neue Typographie hatten viele Feinde, und der heraufziehende Nationalsozialismus ließ alsbald erkennen, daß er auch die neue Typographie auszurotten gesonnen sei.«

»Der einzige Künstler, welcher sich damals außer mir um das Typographische ernsthaft bemüht hat, ist Fritz Helmut

Jan Tschichold: Beispiel für Typographie, 1927. Stadtmuseum

Ehmcke«, schrieb Paul Renner 1920. »Von Riemerschmid war er (1913) an die Kunstgewerbeschule berufen. In Düsseldorf hatte er unter dem Direktorat von Peter Behrens die Schriftkurse der preußischen Kunstgewerbeschul- und Fachschullehrer geleitet; unterstützt von Anna Simons, der Schülerin des großen englischen Schreibmeisters Johnston...«

Ehmcke wurde 1878 in Hohensalza geboren. An der Kunstgewerbeschule konnte er von 1913 bis zur vorzeitigen Pensionierung 1938 Generationen von meisterhaften Buchgestaltern und Typographen heranziehen. In der Zeitschrift des Ehmcke-Kreises *Das Zelt,* erstmals 1926 erschienen, konnten Lehrer und Schüler ihr Können unter Beweis stellen. In seiner Festrede beim 50. Geburtstag von F. H. Ehmcke sagte Emil Preetorius: »Ehmcke ist einer derer, die die Schriftkunst, die künstlerische Verwertung, Ordnung, Bildung der Schriftzeichen zu etwas Eigenem gemacht haben: einem Etwas, das sich, wie in den Zeiten der großen Deutschen, den Zeiten, derer wir gerade im Dürerjahr gedenken, zu einer besonderen Würde, einer für sich bestehenden, klar umrissenen Kunstgattung auswächst.«

Schon 1913 konnte Ehmcke in München einen besonderen Wunsch verwirklichen. Die von ihm buchkünstlerisch geleitete und ausgestaltete *Rupprecht-Presse* wollte keine Luxus-Presse sein, der deutsche Handpressendruck sollte zur Vollendung geführt werden; wertvolle Zeugnisse des deutschen Schrifttums wollte Karl Wolfskehl, der literarische Leiter, der Nachwelt überliefern. Im *Almanach der Rupprecht-Presse 1926, 1927, 1928* sind z.B. angezeigt: Thomas Mann *Gesang vom Kindchen,* Spinozas *Ethica,* Knut Hamsuns *Pan, Die chinesische Kunst* von Emil Preetorius, Moltkes *Briefe aus der Türkei* und Ricarda Huchs *Mondreigen.*

Im Wettstreit um das typographisch vollendete Buch trat in München seit 1920 besonders die *Bremer Presse* hervor, 1911 in Bremen von Willy Wiegand und Ludwig Wolde gegründet. 1913 erschien als erster Druck *Die Wege und Begegnungen* von Hugo von Hofmannsthal; Rudolf Alexander Schröder, tagsüber Innenarchitekt, nachts Dichter, zeichnete die Initialen, die Josef Lehnacker in Holz schnitt. 1918 wurde die Werkstatt von Bremen nach Tölz verlegt, in das Landhaus, das sich Thomas Mann hatte bauen lassen. Aber schon ein Jahr später stellte sich heraus, daß das Haus zu klein und wieder ein Umzug nötig war. In München, in der Georgenstraße 16a, war das Atelierhaus von Anton Azbe umgebaut worden, im Erdgeschoß wurde die Drucke-

Einband und Illustration von Max Unold. 1920

rei eingerichtet, in den oberen Räumen arbeitete die Buchbinderei von Frieda Thiersch. Auf der *Deutschen Gewerbeschau* München 1922 war die *Bremer Presse* vertreten mit *Robert Guiskard* von Kleist, mit den *Essays* von Francis Bacon, mit Goethes *Urfaust,* mit Dantes *Divina Commedia* und mit Fichtes *Reden an die deutsche Nation.* Der Zweite Weltkrieg beendete 1944 das Werk der Presse.

Zur Gewerbeschau 1922 gab der Buchhändler Horst Stobbe, ein Freund der Münchner Schriftsteller und Künstler, den Katalog *Das schöne Buch* heraus. Ausführlich werden Verleger und Buchkünstler gewürdigt. Die *Hundertdrucke* und die *Dreiangeldrucke* von Hans von Weber »zählen zum Besten, was von einem Verlagsbüro ohne Handpresse an Qualität erreicht worden ist«. Georg Müller »ist die markanteste Persönlichkeit unter den Münchner Verlegern«.

Den Münchner Künstlern, die ihre Werke in Büchern und Mappen vorlegten, war der gelernte Kupferdrucker Heinrich Graf ein treuer Freund und selbstloser Helfer. Der 1898 in München geborene Meister des Kupferdruckhandwerks druckte Kupferstiche, Radierungen, Gravüren, Exlibris und Gelegenheitsgraphik. Der Graf-Presse besonders verbunden waren Willi Geiger, Rudolf Hesse, Ernst Kreidolf, Josef Sattler, Josef Seché, Eduard Winkler und Alfons Woelfle.

Die Buchillustration der zwanziger Jahre fand in München bedeutende Künstler, typische Vertreter waren Josef Eberz, Sepp Frank, Bruno Goldschmitt, Friedrich Heubner, Rolf von Hoerschelmann, Walter Klemm, Heinrich Kley, Otto Nückel, Emil Preetorius, Edwin Scharff, Adolf Schinnerer, Georg Schrimpf, Richard Seewald, Peter Trumm und Max Unold.

Über Sepp Frank, 1889 in München geboren, schrieb Hans Melchers 1959: »In den zwanziger Jahren hat er eine Fülle von Werken der Weltliteratur mit Bildern ausgestattet. Der Ödipus von Sophokles, die Goetheschen Balladen und der Faust, Byrons Marino Faliero, Jacobsens Pest in Bergamo, Shakespeares Hamlet, die spanische Engländerin des Cervantes und schließlich Gobineaus Savonarola sind unter anderen von ihm mit Radierungen versehen worden, die durch die Fülle ihrer Phantasie in der Szenenbildung überraschen... Ein weiterer Teil seiner Kleingraphik sind die ›Exlibris‹, deren Zahl in die Hunderte geht.« Für die *Avalundrucke* illustrierte Bruno Goldschmitt, 1881 in Nürnberg geboren, Goethes *Götz von Berlichingen* und die *Offenbarung Johannis.* Der Dresdener Friederich Heubner (1886–1974) war Schüler von Julius Diez. Seine Illustrationen erinnern an Meid und Slevogt. Besondere Beachtung verdienen die 21 Radierungen für Defoes *Robinson Crusoe* im Verlag *Der Bücherwinkel.* Der Münchner Hans Gött (1883–1974) schuf wahre Kostbarkeiten mit seinen Radierungen für die *Obelisk-Drucke* des Drei Masken-Verlags.

Otto Nückel (1888–1955), in Köln geboren, lebte seit 1910 in München. Die Bekanntschaft mit dem Schriftsteller Alexander Moritz Frey führte ihn zur Illustration,

F. H. Ehmcke zum 50. Geburtstag. Zeichnung von Ernst Heig. – Aus: Das Zelt. Zeitschrift des Ehmckekreises. Heft 10/1928

zuerst zum Holzschnitt, später zum Bleischnitt. 1920 erschien als 2. Phantasusdruck *Der kleine Herr Friedemann* von Thomas Mann mit Nückels Holzschnitten. Für A. M. Frey illustrierte er 1920 *Spuk des Alltags* und bereits 1914 *Solneman der Unsichtbare.* Der Mainzer Emil Preetorius (1883–1973) blieb 1907 endgültig in München, es entstand sein erstes Werk, die Illustrationen zu Chamissos *Peter Schlemihl.* 1919 schuf Preetorius den Buchschmuck für *Herr und Hund* von Thomas Mann und für *Elementargeister* von E.T.A. Hoffmann. Der Maler Richard Seewald (1889–1976), in den zwanziger Jahren von der *Neuen Sachlichkeit* stark beeinflußt, hat in dem Buch *Die Zeit befiehlts, wir sind ihr untertan* (1977) von seiner Arbeit im Dienst des schönen Buches erzählt. Er illustrierte 1919 den *Robinson Crusoe* für den Kunsthändler Goltz, dann für Georg Müller Vergils *Bucolica,* bei Gurlitt Gellerts *Fabeln,* für Kurt Wolff den *Hasenroman* von Francis Jammes, für den Drei Masken-Verlag Stifters *Abdias,* für den Euphorionverlag Vergils *Hirtengedichte* in der Übersetzung von Theodor Haecker. Um 1920 fand der 1885 in Memmingen geborene Maler Max Unold zur *Neuen Sachlichkeit.* Auch als Illustrator war Unold in dieser Zeit sehr erfolgreich, 1920

Titelblatt. Signierter Holzschnitt von Georg Schrimpf. – München: Bachmair 1919

erschien Heinrich Lautensacks *Altbayerischer Bilderbogen*, 1921 der Obelisk-Druck von Gotthelfs *Elsi, die seltsame Magd*. An Voltaires »Candide« wagte sich Unold bereits 1913, nach ihm 1920 Paul Klee und 1922 Alfred Kubin.

In den zwanziger Jahren erlebte die Münchner Buchkunst eine erstaunliche Blütezeit, Richard Seewald fand dafür eine einleuchtende, sehr nüchterne Erklärung:

»Es waren die ›goldenen‹ zwanziger Jahre, und die Kunst blühte, dank der Inflation. Sie ist es, die jene nie wiederkehrende Blüte einer deutschen Buchkunst hervorbrachte. Dies allerdings bedarf der Erklärung, denn daß gerade die Geldentwertung das Zustandekommen kostbar gedruckter und gebundener Werke möglich gemacht habe, erscheint sinnlos. Aber der Verleger, der einen Haufen Geld in ein Buch steckte, verdiente in kürzester Zeit einen noch größeren Haufen Geld durch den Verkauf. So zeugte gewissermaßen ein Buch das andere. Die Voraussetzung allerdings war das Vorhandensein des ›Rohstoffs‹, aus dem ein Buch besteht: aus dem Papier, dem Leder und Pergament zum Einband, leistungsfähigen Buchdruckereien und zuverlässigen Werkstätten, in den Lithographien und Radierungen gedruckt werden konnten. Und diese waren vorhanden.«

DIE NEUESTE, DER VB, DER SIMPL U. A. BLÄTTER

Am Abend des 7. Novembers 1918 besetzten Revolutionäre das Verlagsgebäude der *Münchner Neuesten Nachrichten* in der Sendlingerstraße und erklärten die Zeitung zum *Publikationsorgan des Arbeiter- und Soldatenrats*. Die Zensur wurde verhängt. Erst am 26. Februar 1919 durften wieder bürgerliche Blätter erscheinen.

»Eine Sonderstellung im bayerischen Zeitungswesen hatten die im Verlag Knorr & Hirth erschienen *M.N.N.* – populär *Die Neueste* oder *Die Neuesten* genannt – nicht nur, weil sie als einzige Zeitung die 100000-Auflagenmarke überschritt, sondern auch, weil sie in ganz Süddeutschland wegen ihrer anspruchsvollen redaktionellen Leistungen, ebenso wegen ihres bedeutenden Anzeigenteils, der den Interessen der Wirtschaft und Industrie entgegenkam, in hohem Ansehen stand«, schrieb Lothar Kuppelmayr im *Handbuch der bayerischen Geschichte*. Im Sommer 1920 stand das Verlagserbe von Knorr & Hirth zum Verkauf. 52 Prozent der Aktien gingen an die Gute-Hoffnungshütte, 16 Prozent an die Vereinigten Stahlwerke in Düsseldorf, nur 32 Prozent blieben in Bayern. Paul Nikolaus Cossmann, der Herausgeber, der auch bei Knorr & Hirth erschienenen *Süddeutschen Monatshefte*, war der Beauftragte der neuen

Münchner Blätter von Rentus Kuno im Georg Müller-Verlag, Zeichnung: Max Unold

Besitzer, er bestimmte die Generallinie und die Personalpolitik des Verlags, die sich natürlich mit den Interessen der rheinischen Großindustrie decken mußten. Chefredakteur wurde der Archivbeamte Fritz Gerlich.

Die Zeitung der Nationalsozialisten bis zum bitteren Ende 1945 war der *Völkische Beobachter,* über den der Zeitungswissenschaftler und NS-Ratsherr Adolf Dresler schrieb: »Nach dem Tode Franz Ehers (22. Juni 1918) führte zunächst seine Witwe den *Münchener Beobachter* kurze Zeit fort, wobei der Verlag die Bezeichnung *Verlag Franz Eher Nachf.* erhielt. Von der Witwe übernahm ein völkischer Kreis das Blatt, dem sie eine betont antisemitische Richtung gaben. Als neben der Münchner Ausgabe auch eine Reichsausgabe erschien, erhielt diese den Titel *Völkischer Beobachter.* Ein Verbot der Münchner Ausgabe in Preußen führte dann dazu, daß am 3. Januar 1920 der gesamten Auflage der Titel *Völkischer Beobachter* gegeben wurde. Auf Veranlassung Adolf Hitlers wurde der *Völkische Beobachter* für die nationalsozialistische Bewegung als deren Organ erworben. Es war die Geburtsstunde der NS-Presse, von der jene Entwicklung ihren Anfang nehmen sollte, die mit der Machtergreifung vom Januar 1933 in entscheidender Weise die gesamte deutsche Presse beeinflussen sollte.« 1921, in der Nummer 8, erschien der erste Leitartikel Hitlers: »Ist die Errichtung einer, die breiten Massen erfassenden, Zeitung eine nationale Notwendigkeit«?

Der merkwürdige Humor der Nationalsozialisten schlug sich in der Zeitschrift *Die Brennessel* nieder. Adolf Dresler schrieb: »1931 wurde der Plan gefaßt, den satirischen Blättern der Gegner ein nationalsozialistisches Witzblatt, für dessen äußere Aufmachung der *Simplicissimus* zum Vorbild genommen wurde, gegenüberzustellen. Als Titel wurde *Die Brennessel* gewählt. Die 1. Nummer erschien, 12seitig, im Januar 1931. Die Titelseite brachte eine Zeichnung von Albert Reich: ein Nationalsozialist packt den roten Stier bei den Hörnern.« Als Zeichner wirkten mit: Karl Prühäußer, Johann Schult, Otto Flechtner, Eugen Oswald, Till, Mjölnir, ab 1932 Sepp Plank, der als Seppla signierte. Für *Simplicissimus* und *Jugend* war natürlich *Die Brennessel* keine Konkurrenz, sie war und blieb ein einfaches Pflänzchen im Münchner Blätterwald.

Massive Nazi-Gegner fanden sich unter den Autoren und Künstlern des *Simplicissimus*, zu nennen sind besonders Thomas Theodor Heine und Karl Arnold, bis 1933 auch Erich Schilling, der aber dann ein treuer Diener der braunen Machthaber wurde. Die Redakteure, bis 1925 Heine und Arnold, dann Hermann Sinsheimer und Franz Schoenberner waren ausgesprochene Nazi-Gegner.

Die *Jugend* konnte sich in den zwanziger Jahren durchaus neben dem *Simplicissimus* behaupten. Beim Blättern im Jahrgang 1930, die Schriftleitung lag in den Händen von Franz Schoenberner, Theo Riegler und Wolfgang Petzet, stößt man auf Künstler, die Kunstgeschichte gemacht haben. Mitarbeiter waren damals: Max Beckmann, Josef Eberz, Conrad Felixmüller, Hans Gött, Rudolf Großmann, Josef Hegenbarth, Friedrich Heubner, Erwin von Kreibig, Alfred Kubin, Anton Leidl, Frans Masereel, Ludwig Meidner, Josef Scharl, Richard Seewald usw.

Unter den Autoren sind zu finden: Peter Paul Althaus, Henri Barbusse, Karel Capek, Maxim Gorki, Oskar Maria Graf, Hermann Hesse, Erich Kästner, Hermann Kesten, Thomas Mann, André Maurois, Georg von der Vring usw.

Wie immer nach harten Kriegen schossen in den frühen zwanziger Jahren eine Menge neuer Zeitschriften aus dem ausgetrockneten literarischen Boden. Unter der Schriftleitung von Alf von Czibulka erschien *Der Orchideengarten, phantastische Blätter*, Friedrich Burschell gab im Dreiländerverlag die Halbmonatsschrift *Neue Erde* heraus, Renatus Kuno glänzte im Georg Müller-Verlag mit *Münchner Blätter für Dichtung und Graphik*, Wolf Przygode war Herausgeber der Zeitschrift *Die Dichtung*, die zuerst im Pasinger Roland-Verlag und bei Kiepenheuer in Potsdam erschien, unter den Mitarbeitern der *Dichtung* finden sich so bekannte Autoren wie Rudolf Borschardt, Georg Kaiser, Hermann Kasack, Oskar Loerke, Heinrich Mann, Rainer Maria Rilke, Gustav Sack und Georg Trakl.

MALER, BILDHAUER UND IHR ANHANG

MALER ZWISCHEN TRADITION UND FORTSCHRITT

Große Maler, die das Gesicht ihrer Zeit geprägt haben, hat der Tod in den zwanziger Jahren abgeholt. 1920 starben Fritz August von Kaulbach und Albert von Keller, 1921 Franz Defregger, 1923 Adolf Oberländer, 1925 Eduard Grützner, 1927 Adolf Hengeler, 1928 Franz von Stuck, 1929 Hugo von Habermann. Die Kunstkritik hat manchen dieser Künstler bis herein zur Gegenwart nicht gerade wohlwollend behandelt, aber ihre Bilder erzielen jetzt erstaunlich hohe Preise.

Josef Achmann: Selbstbildnis, 1931

Viele Münchner Maler, die in den zwanziger Jahren besonders aktiv waren und weit über die Stadt hinaus Anerkennung fanden, waren der *Neuen Sachlichkeit* nur zeitweise oder gar nicht verbunden.

Über den Maler und Graphiker Josef Achmann (1885–1958), der mit Georg Britting befreundet war und mit ihm die Zeitschrift *Die Sichel* herausgab, schrieb Curt Hohoff im Katalog des Museums der Stadt Regensburg zur Ausstellung im März/April 1979: »Achmann ließ sich nicht einordnen, weder kubistisch noch expressionistisch. Gelegentlich sprach er vom magischen Realismus und nannte Derain. Wenn er von alten Meistern sprach, meinte er die Donauschule, Bosch und Konrad von Soest.« Im Dezember 1919 hatte Achmann die Schauspielerin Magda Lena geheiratet und lebte seitdem in München.

Der elsässische Maler und Lithograph René Beeh (1886–1922) studierte bei Stuck und Habermann. Nach dem Ersten Weltkrieg ließ er sich in München nieder. 1921 verlegte er im Hyperion-Verlag seine Lithos zum

Albert Burkart: Zeichnung von Karl Weinmaier

Karl Caspar im Jahr seiner Berufung an die Akademie der bildenden Künste in München.

Robinson und zu Strindbergs *Inferno.* Die Neue Sezession ehrte ihn 1922 mit einer Gedächtnisausstellung.

Karl Blocherer gründete 1915 gemeinsam mit seiner Frau Minni eine private Kunstschule, eine wertvolle Ergänzung der öffentlichen Schulen.

Über Albert Burkart, 1898 in Riedlingen geboren, der zwischen 1929 und 1979 mehr als 60 Kirchen mit Wand- und Altar-Bildern schmückte, schrieb Peter Steiner am 9. Dezember 1979 in der *Münchener Katholischen Kirchenzeitung:* »Seine Lehrer waren die Graphiker und Maler Peter Halm und Adolf Schinnerer, der Architekt Richard Riemerschmid und der Maler Christian Landenberger... In seinen Bildern und Radierungen der 20er Jahre hat Burkart sich mit der Not in den Städten und mit der industriellen Umwelt auseinandergesetzt. Fabrikanlagen, Bahndämme und Hinterhöfe stecken darin den bedrohlich engen Lebensraum armer Menschen ab... 1930 wandte sich Burkart von der sozialkritischen Malerei ab.«

Das Ehepaar Karl Caspar und Maria Caspar-Filser wurde 1937 für *entartet* erklärt und erhielt während des Kriegs keine Bezugsscheine für bewirtschaftetes Malmaterial.

Dabei war Karl Caspar, von 1922 bis 1937 und von 1946 bis 1951 Leiter einer Malklasse der Kunstakademie, einer der berühmtesten Maler Münchens. 1879 wurde er in Friedrichshafen geboren. An der Kunstakademie studierte er bei Ludwig Herterich. Seit 1907 war er selbständiger Künstler in München, 1956 starb er in Brannenburg. »Heute gilt Caspar zu Recht als einer der großen Erneuerer der religiösen Malerei in Deutschland, als einer der wichtigsten christlichen Künstler des 20. Jahrhunderts«, schrieb Müller-Mehlis 1979 im Katalog der Caspar-Ausstellung im Museum von Langenargen. Maria Caspar-Filser, 1878 geboren, studierte gleichfalls bei Herterich, 1907 zog sie nach München und heiratete Karl Caspar. Zu ihren gemeinsamen Freunden gehörten: Hofer, Klee, Kubin, Scharff, Weisgerber und Konrad Weiß.

Oskar Coester (1886–1955) wurde 1978 im Katalog der Coester-Ausstellung der Bayerischen Akademie der Schönen Künste von Juliane Roh vorgestellt: »Coester hat, von gelegentlichen Reisen und Auslandsaufenthalten abgesehen, seit 1908 ständig in München gewohnt... Nach 1925 lichtete sich Coesters Palette. Er geht zu frischerem Grün über, doch wird die pastose Malweise beibehalten. Motivisch kristallisiert sich jetzt heraus, was in Zukunft dominieren wird: eine bestimmte Raumanordnung und ein Inventar, das immer wiederkehrt...«

In Limburg (Lahn) wurde Josef Eberz 1880 geboren. An der Stuttgarter Akademie war Adolf Hoelzel ab 1905 sein Vorbild, 1918 zog er nach München. Sein Weg führte ihn vom Expressionismus zur monumentalen kirchlichen Kunst, zur strengen Form.

Heinrich Ehmsen (1886–1964) kam nach dem 1. Weltkrieg nach München. In den Revolutionsjahren entstanden hier die Bilder *Erschießung des Matrosen Eglhofer* und *Erschießung bayerischer Revolutionäre.* 1920 Ausstellung bei Hans Goltz.

Otto Geigenberger (1881–1946), Sohn eines Steinmetz in Wasserburg, studierte in München an der Technischen Hochschule und an der Kunstgewerbeschule. Mit leichten Farben hat er immer wieder seine Geburtsstadt Wasserburg verewigt.

Willi Geiger wurde 1878 in Landshut geboren. 1898/99 studierte er an der Münchner Kunstgewerbeschule, 1900/02 an der TH und 1903/05 an der Akademie bei Peter Halm und Franz Stuck, gemeinsam mit Jules Pascin und Hans Purrmann. 1907 ließ er sich als freischaffender Graphiker in München nieder, wo er 1920 Professor an der Kunstgewerbeschule wurde. Mitte der zwanziger Jahre kam er, der Freund von Thomas und Heinrich Mann, Rilke und Dehmel, zur Buchillustration. 1928 wurde Geiger nach Leipzig berufen, 1933 aus dem Staatdienst entlassen, ließ er sich in München und Feldwies nieder. In München ist Geiger 1971 gestorben. »Willi Geigers Werk erwächst aus einer leidenschaftlichen Anteilnahme am Leben«, schrieb Hans Konrad Röthel 1958 im Katalog zur Ausstellung zu Geigers 80. Geburtstag.

»Er ist ein Generationsgenosse der Klassiker der Modernen. Aber er ist nicht im landläufigen Sinn modern...«

Willi Geiger: Selbstbildnis

Josef Scharl: Selbstbildnis 1930

In München wurde Hans Gött 1883 geboren, in seiner Vaterstadt starb er auch 1974. Der Vater war Rektor am Wilhelms-Gymnasium. Gött studierte von 1903 bis 1907 an der Technischen Hochschule und an der Kunstakademie bei Peter Halm und Angelo Jank. Im melodischen Linienfluß malte er Landschaften mit Figuren, besonders gern badende Mädchen. Seine frühen Bilder sind stärk dunkeltonig, wurden aber später immer heller.

»Julius Heß steht dem Leben behutsam und gelassen gegenüber, mit einer leisen, zärtlichen Melancholie der distinguierten Haltung«, schrieb Wolfgang Petzet 1949 im *Münchner Merkur* über den 1878 in Stuttgart geborenen Maler.

Friedrich Heubner (1886–1974) war Schüler von Julius Diez an der Kunstgewerbeschule. Schon früh wurde er Mitarbeiter der *Jugend* und anderer illustrierter Blätter. Seine Bilder, besonders die Aquarelle, zeigen lockere, duftige Farben.

Paul Klee wurde 1919 aus dem Militär entlassen, mit dem Kunsthändler Hans Goltz schloß er zweimal einen dreijährigen

Vertrag. Das passende Atelier fand er im Schwabinger Suresnes-Schlößchen in der Werneckstraße. Im September 1920 kam die Berufung an das Bauhaus in Weimar.

Der Münchner Erwin Kreibig (1904–1961) war Schüler von Richard Riemerschmid. Für *Simplicissimus* und *Jugend* schuf er reizende Karikaturen. 1930 zeigte er bei den *Juryfreien* in der Prinzregentenstraße Gemälde, Pastelle und Aquarelle, Plakatentwürfe und Figurinen zu Offenbachs *Pariser Luft.*

Anton Leidl wurde 1900 in Frankfurt geboren, jedoch, wie er selbst schrieb, »von altbayerischen Eltern gezeuget«. Über sein Leben berichtete der heitere Künstler: »1920 zeichnete er den ersten Akt seines Lebens, 1921/28 Akademie der bildenden Künste zu München, Meisterschüler von Adolf Hengeler. Hatte kaum das Leberkaas-Geld, wurde somit zwangsweise Illustrator: Jugend, Simplicissimus. 1927 Eintritt in die Behn-Gruppe, 1928 Atelier am Popo der Glyptothek, feucht, rheumabildend. Jüngster Juror im Glaspalast, wo ihm 1931 sieben seiner Arbeiten verbrannten.«

In Berlin wurde Hans Reinhold Lichtenberger 1876 geboren. Als Zwanzigjähriger kam er nach München, besuchte die Malschule Heinrich Knirr, wo Paul Klee sein Mitschüler war. Im Einladungsprojekt des Stuttgarter Kunstkabinetts zu einer Ausstellung 1947 ist zu lesen: »Das beste München ist immer zugleich Tradition und Fortschritt gewesen, es hat nie vergessen, daß Bilder auch im rein Malerischen vor allem schön sein sollen. Daß sie gepflegt sein sollen. Hans Reinhold Lichtenberger beweist das in seinen Gemälden, die man gerne einmal in der Gesellschaft guter französischer Kunst sehen möchte. Als Ehrung erhielt Lichtenberger schon 1925 den Titel Professor...«

In Breslau wurde Max Radler 1904 geboren. Nach einer Wanderschaft durch ganz Deutschland kam er 1923 nach München. Als Dekorationsmaler verdiente er seinen Lebensunterhalt, studierte aber auch eifrig bei seinem Freund Georg Schrimpf. Enge Freundschaft verband ihn auch mit Oskar Maria Graf. »Ende der 20er Jahre war Radler – und das ging finanziell nur mit Hilfe seines Malerhandwerks – auch *Künstler* geworden«, sagte Remigius Netzer im *Bayerischen Rundfunk.* »Er stellte bei den *Juryfreien* aus. Seine Themen: Stadtbilder, Brücken, Eisenbahnen, Unterführungen, Bahnstationen, Bagger, Bauarbeiter. Sehr einfache Gegenden und Milieus, aber nie mit bitterer Schärfe gesehen, sondern eher in einer etwas traurigen Verklärung.« Radler war eine echte Wiederentdeckung der Ausstellung *Die zwanziger Jahre in München* (1979).

Fritz Schaefler (1888–1954) war aktiv an der Revolution 1918/19 beteiligt. 1919 gab er die Zeitschrift *Der Weg* heraus. Er schuf Porträts von Kurt Eisner, Georg Kaiser, Heinrich Mann und anderen. Von 1920 bis 1927 lebte er in Prien am Chiemsee. Für das Nationaltheater entwarf er Szenenbilder für Shakespeares *Viel Lärm um Nichts.*

Wie Max Radler war 1979 auch der Münchner Josef Scharl (1896–1954) für viele Kunstfreunde eine Wiederentdeckung. Sein Bild *Blinder Bettler im Café* ziert sogar den Umschlag des Katalogs. Von 1919 bis 1921 studierte Scharl an der Akademie bei Heinrich von Zügel und Angelo Jank. 1927 veranstaltete er die erste große Ausstellung bei der Neuen Sezession und 1929 eine Kollektivausstellung bei den *Juryfreien*. Der Kunsthändler Günther Franke unterstützte ihn erheblich. Nach 1933 gehörte Scharl zu den *Entarteten* und wanderte daher 1938 nach Amerika aus, 1954 starb er in New York. Über seine Kunst schrieb Aloys Greither 1976 im Katalog des Dortmunder Museums am Ostwall: »Scharl begann mit dunklen, erdschweren Farben und alles, was er malte, blieb auf eine fast magische Weise erdverbunden, kreatürlich. Seine unmittelbare Art, ein Thema anzugreifen, ließ alles schmückende Beiwerk beiseite, und die Direktheit seiner Aussage bekam eine fast unwiderstehliche Faszination...«

Richard Seewald (1889–1976) schrieb 1921 in der Zeitschrift *Ararat* über sich selbst: »Jetzt bin ich malend und zeichnend 32 Jahre geworden, aber ich möchte 100 Jahre alt werden, um hoffen zu können, daß ich doch einmal etwas davon realisieren werde, was mir als Idee vorschwebt, denn bisher dünkt mich bei jedem Bild, wenn die kurze Befriedigung, die die Beendigung einer Arbeit gewährt, vorbei ist, daß es ja gar nicht das ausdrückt, was ich hab sagen wollen.«

Walther Teutsch wurde 1883 in Kronstadt geboren. 1903 besuchte er in München die Lehrwerkstätte für angewandte und freie Kunst von Debschitz und Obrist, dann gemeinsam mit Max Unold die private Malschule von Heymann und bis 1909 die Akademie unter Habermann. 1922 entstanden die bekannten Staffelseebilder. 1964 ist Teutsch in München gestorben.

1906 kam Hugo Troendle (1882–1955) nach München. Er war, wie Fritz Nemitz in der *Süddeutschen Zeitung* vom 25. September 1952 festhielt, »Gründer unzähliger Stammtische, ausgezeichneter Kenner der französischen Malerei im 19. Jahrhundert, wandelnder Chronist Schwabings und eines seiner letzten Originale«. Die Franzosen Serusier und Signac waren die geheiligten Vorbilder. *Der Mensch in der Landschaft* – das war sein Hauptthema, Bilder gemalt mit schummerigen, gedeckten Tönen.

Schüler von Olaf Gulbransson und Julius Diez war der 1906 in München geborene Karl Weinmair, der 1944 bei einem Bombenangriff ums Leben kam. Abgesehen von einigen Reisen und dem Kriegsdienst hat Weinmair sein ganzes Leben in München verbracht. Seine Bilder zeigen Menschen einer bescheidenen Bürgerschicht, Handwerker, aber auch gute Köpfe.

Über den liebenswürdigen Graphiker, Holzschneider und Buchkünstler Josef Weisz schrieb Paul Ferdinand Schmidt 1919 in der Zeitschrift *Dekorative Kunst:* »Dieser kaum Fünfundzwanzigjährige (er ist am 27. August 1894 geboren) hat schon vor Jahren eine so hohe Fertigkeit im Holzschnitt bewiesen, daß die Entwicklung von Jahrhunderten bei ihm sich im Laufe von 2 oder 3 kurzen Jahren auszugsweise wiederholt zu haben scheint. Von Dürers Holzschnitten bis zu den Feinheiten des Tonschnittes und zu Munchs und Kirchners Stilgröße hat er alle Möglichkeiten durchlaufen...«

DIE NEUE SACHLICHKEIT

In Deutschland entwickelte sich in den frühen zwanziger Jahren »eine Kunstrichtung, für die eine objektive und präzise Realitätswiedergabe charakteristisches Anliegen war«. Eine Überschärfe der Darstellung gewann oft einen unheimlichen Charakter. Der Kunsthistoriker G. F. Hartlaub prägte für diese sachbezogene, veristische Kunst den Begriff *Neue Sachlichkeit.*

Der Münchner Kunsthistoriker Franz Roh entschied sich 1925 in seinem Buch *Nach-Expressionismus* für den Ausdruck *Magischer Realismus*, legte aber auf diesen Titel »keinen besonderen Wert«. Roh hob besonders die Verbindung der Münchner Künstler mit der italienischen Gruppe der *Valori Plastici*, mit Carrà und Chirico hervor. »Die deutsche Gruppe, die aus München hervorging, durch persönlichen Verkehr verbunden war und seit etwa 1920 sich zur Malerei der dortigen *Neuen Sezession* in Gegensatz fühlte, bestand vor allem aus Schrimpf, Mense und Davringhausen. Während Schrimpf ein Idylliker mit ruhig mildem Untertone auf klassischer Bahn genannt werden kann, fassen Mense und Davringhausen die Welt dämonischer. Beide haben denn auch in besonderer Wechselwirkung gestanden. Beiden ist ein mondäner, faszinierender, unheimlicher Ton gemein, neben dem der kindlichere eines Schrimpf gesondert dasteht. Schrimpf ist allen überlegen an Gleichmäßigkeit der Komposition und innerer Güte... Diese Gruppe entdeckte nun in Kanoldt einen Abgetrennten, der, ursprünglich von gedrungenem Kubismus kommend, ebenfalls in München gegen 1920 zu eindringlicher Sachschärfe übergegangen war...«

Alexander Kanoldt wurde 1881 in Karlsruhe geboren. Als Autodidakt kam er nach München und wurde schon 1908 die treibende Kraft der *Neuen Künstlervereinigung München*, der Kandinsky, Jawlensky, Bechtejeff, Erbslöh, Marc und Münter angehörten. Die von Kandinsky geforderte programmatische Gegenstandslosigkeit lehnte Kanoldt entschieden ab. 1912 löste sich daher die Vereinigung auf. Wilhelm Hausenstein schrieb 1926 über das Werk Kanoldts: »Neben dem konstruktiven Interesse steht das Interesse für das Farbige. Der fertige Künstler mündet in seine Abkunft: seine Kunst ist in der Tat die Tradition Kochs, Rottmanns, Kanoldts, des Vaters – umgewandelt in eine drastischere und malerische, sehr viel weniger differenzierte Sprache von heute. In diesem Zusammenhang ist es auch kein Zufall, daß K. München gesucht hat.« 1924 wurde Kanoldt nach Kassel berufen, nahm aber den Ruf nicht an; ein Jahr später ging er an die Kunstakademie Breslau, heimisch ist der sensible Künstler dort nicht geworden. In einem Brief an den Maler Karl Caspar schrieb er: »Es vergeht fast kein Tag – besonders nach den letzten zwei in Oberbayern verbrachten Sommern, daß wir nicht hin und her überlegen und

Georg Schrimpf: Mutter mit Kindern, 1932. Privatbesitz

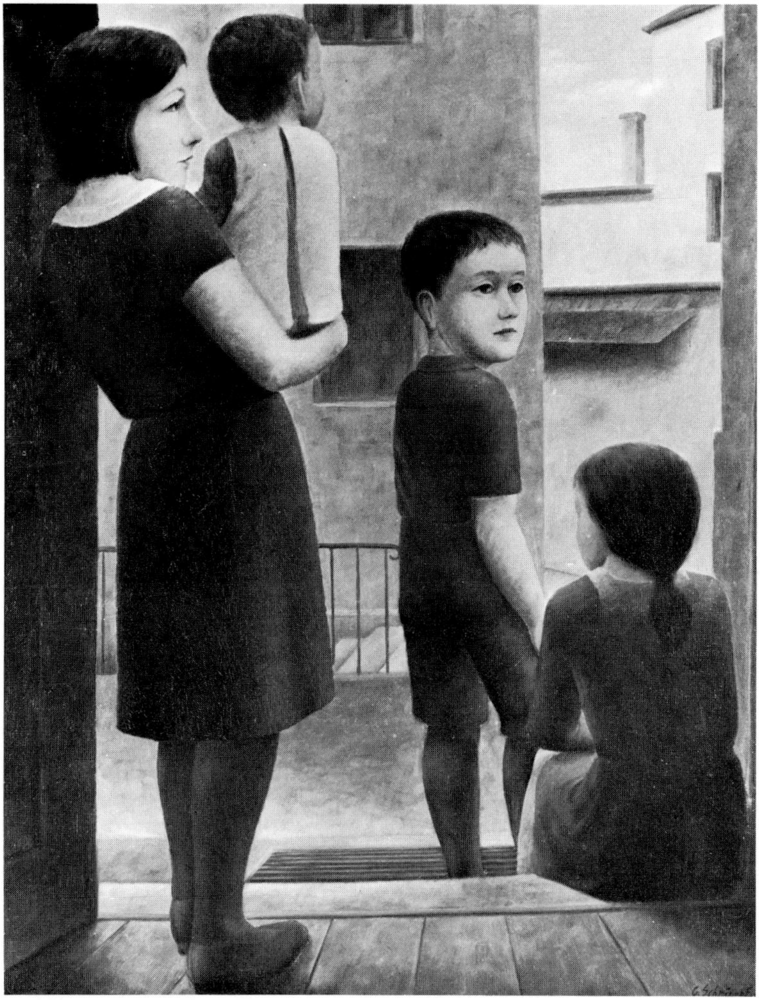

rechnen, wie wir es anstellen sollen, nach München zurückzukehren – sei es auch ohne Anstellung – unter der Voraussetzung der bittersten Not!«

Georg Schrimpf, dessen Ölbilder und Holzschnitte schon vor den zwanziger Jahren den Geist der *Neuen Sachlichkeit* atmen, wurde 1889 in München geboren. Er trieb sich lange Zeit in der Welt herum, bis er sich nach dem Tod seiner ersten Frau, der Malerin Maria Uhden, in München seßhaft machte. 1920 stellte er erstmals bei der *Neuen Sezession* im Glaspalast aus. Im gleichen Jahr wurde er auch Mitglied dieser Künstler-

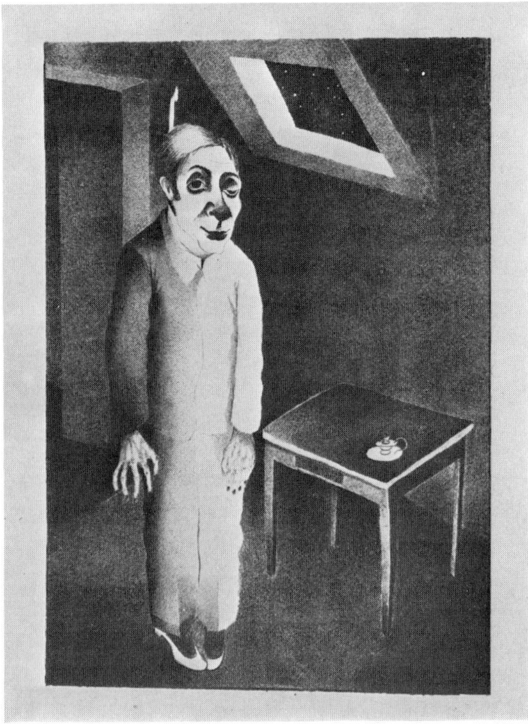

Heinrich Maria Davringhausen: Karamasoff. Litho, 1920. Staatliche Graphische Sammlung

gruppe, die niemand auf ein Programm festlegte. 1922 reiste Schrimpf nach Italien, er kam in Verbindung mit den *Valori Plastici;* Carlo Carrà veröffentlichte sogar eine kleine Monographie über Schrimpf. 1924 entstanden die ersten Landschaftsbilder mit Motiven der bayerischen Seen, aber auch im Allgäu und in Niederbayern war Schaffensraum für den Künstler. 1927 erhielt er die Berufung an die Münchner Meisterschule für Dekorationsmalerei und 1933 an die *Hochschule für Kunsterziehung* in Berlin. Entscheidend für Schrimpfs Entwicklung wurde die Freundschaft mit dem Schriftsteller Oskar Maria Graf. Graf schrieb 1923 über seinen Freund: »Es gibt kein Zuviel und kein Zuwenig mehr in diesen Werken. Eine Ruhe und Offenheit ist in ihnen, wie in alten Kirchenbildern.«

In Rheine in Westfalen wurde Carlo Mense 1886 geboren. 1909 war er Schüler von Lovis Corinth in Berlin. 1918 wurde er Mitglied der *Novembergruppe* und veranstaltete in München bei Hans Goltz seine 1. Kollektivausstellung. In die *Neue Sezession* trat er 1923 ein. Der Bonner Kunsthistoriker Karl Friedrich Ertel schrieb 1962 in seiner Mense-Monographie, daß dieser der »Erzähler der Neuen Sachlichkeit« sei, »der erfinderischste der wieder von neuer Naturgläubigkeit beseelten Maler«. Mense überprüfte 1920 »am Gegenüber der Natur die Wirklichkeitserfahrung aus überscharfer Nahsicht, sozusagen unter dem Mikroskop«. Ertel rühmt besonders Menses Kunst im Schaffen großer Porträts, »die ihn zu einem der begehrtesten Bildnismaler werden lassen... Haben manche seiner Bildnisse nicht die Schonungslosigkeit eines Protokolls?« Vollendet stimmt diese Frage auf das Bildnis des Malers Heinrich Maria Davringhausen zu, das Mense 1922 gemalt hat.

Davringhausen wurde 1894 in Aachen geboren. Als Maler war er Autodidakt. Nach einer kurzen Epoche des Expressionismus fand er zur *Neuen Sachlichkeit*. In seinen Bildern tritt der maskenhafte Mensch auf und die kalte, erstarrte Landschaft. Bei Hans Goltz konnte er mehrmals ausstellen, zuerst 1919 mit der 1. Kollektivausstellung. Die expressionistische Zeitschrift *Der Weg*

Carlo Mense: Portrait
H. M. Davringhausen, 1922

begann im April 1919 die Besprechung mit den Worten: »Blitz- und Physiksaalatmosphäre, Entladungen, Knistern elektrischer Funken, bestrickend giftigvisionäre Töne; dann Mittelalter, Zerflächung, Wurf und Detail, Vision und ausgetüfteltes Experiment, milde, versunkene Klarheit und Etikettenaufschrift...« Davringhausen hat München Anfang des Jahres 1922 verlassen. Neben Kanoldt, Schrimpf, Mense und Davringhausen konnte die *Neue Sachlichkeit* natürlich auch viele andere Münchner Künstler beeinflussen. Die 1895 in München geborene Malerin Erna Dinklage stellte mit der *Neuen Sezession* aus und zeigte 1930 bei den *Juryfreien* eine Kollektivausstellung.

Mitbegründer der *Neuen Künstlervereinigung* war Adolf Erbslöh. Der 1881 geborene Maler war ein enger Freund von Kanoldt und Jawlensky. Hans Wille schrieb 1967, daß die Annäherung Erbslöhs an die jeweiligen Zeitstile immer nur locker waren, nie ließ er die Tendenzen an sich heran. Die *Neue Sachlichkeit* hat ihn sehr beschäftigt. »Die Präzision der klaren Kontur, das sichere Im-Raum-Stehen der festen Form, die Modellierung kantiger Körper mittels einer facettenartig gebrochenen Beleuchtung, dies alles entsprach seinem Sinn für bildnerische Ordnung.«

Wilhelm Heise, 1892 in Wiesbaden geboren, kam 1918 nach München. Das Atelier in der Blütenstraße teilte er mit Erich Glette und Martin Lauterburg. 1966, ein Jahr nach Heises Tod, zeigte das Haus der Kunst eine Gedächtnisausstellung. Doris Schmidt schrieb im Katalog: »Wenn je auf einen Künstler dieser Zeit, so trifft der Begriff des *Magischen Realismus* auf ihn zu... Das Gleichnishafte unterscheidet Heises Malerei von der Kunst der *Neuen Sachlichkeit*.«

»Martin Lauterburg hat sich München als seiner zweiten Vaterstadt verbunden gefühlt«, schrieb Max Huggler, der Direktor des Berner Kunstmuseums, 1962 im Katalog zur Ausstellung der *Bayerischen Akademie der Schönen Künste* über den 1891 geborenen Maler, der von 1910 bis 1913 an der Kunstgewerbeschule bei Robert Engels und Julius Diez studierte und dann bis 1935 in München arbeitete. »Stets hat Martin Lauterburg sich das Gefühl erhalten, als Künstler in München verstanden und an seinem Platz gewesen zu sein. Ohne Ressentiment erinnerte er daran, daß der einzige große Auftrag zu einem Bildwerk nicht die Schweiz, sondern München – das Altarbild für die Kapelle der Dermatologischen Klinik – gegeben hatte.«

Walter Schulz-Matan wurde 1889 als Sohn armer Weber in Thüringen geboren. Hart war die Jugend, er war Bäcker, Anstreicher, Fremdenführer, Jodler, Postkartenverkäufer usw. Nach dem Krieg wurde er 1919 nach München entlassen, wo er schon 1913/14 Schüler von Julius Diez war. 1920 mietete sich der Künstler in Schwabing sein erstes Atelier, aber erst Mitte der zwanziger Jahre wurde er in München bekannt. Die Bilder dieser Zeit sind angeregt vom Geist des *Magischen Realismus*.

In Memmingen wurde Max Unold 1885 geboren. An der Münchner Universität studierte er 1905 klassische Philologie, wechselte aber schon ein Jahr später zur Malerei über, war zuerst Schüler der Privatschule von Moritz Heymann und dann ab 1908 an der Kunstakademie bei Hugo von Habermann. 1915 wurde Unold Mitglied der *Neuen Sezession*. Um 1920 kam die Wandlung zu einer breiten, tonigen Malerei und zur stärkeren Betonung des Umrisses, zur Herrschaft der Linie, eben zur *Neuen Sachlichkeit*.

Nach 1933 drohte manchem Künstler aus dem Kreis der *Neuen Sachlichkeit* die Entwürdigung zur *Blut und Boden*-Malerei, doch blieben sie ihrer Überzeugung treu. Im *Haus der Deutschen Kunst* wurden sie mit Mißtrauen beobachtet. Die *Neue Sachlichkeit* konnte sich nicht mehr weiter entwickeln.

Max Unold: Winterlandschaft 1921

KLARHEIT DER FORM

»Die aus allen Kunstäußerungen der späten zwanziger Jahre ablesbare Vorliebe der Zeit für Klarheit der Form scheint neben der Architektur vor allem die Entfaltung der Plastik begünstigt zu haben. Eine solche Fülle reifer Leistungen und vielversprechender Talentproben, wie sie für die Zeit um 1930 registriert werden können, hat es in der deutschen Plastik seit langem nicht mehr gegeben«, schrieb Günter Aust 1977 im Katalog *Die dreißiger Jahre*. Von den Münchner Künstlern, für die diese Feststellung zutrifft, erwähnt Aust: »Hans Wimmer, Fritz Wrampe, Toni Stadler, Heinrich Kirchner, Georg Brenninger und Anton Hiller. Im Vordergrund standen dabei überall jene Formen plastischen Gestaltens, die am Erscheinungsbild der menschlichen Gestalt orientiert waren.«

Hans Panzer: Tänzerin, 1922. Stadtmuseum

Über den 1878 geborenen Bildhauer Fritz Behn schrieb 1928 Georg Jacob Wolf: »Naturgefühl, Leidenschaft und Schönheit umschreiben den Bezirk seiner Kunst nach Gesinnung, Anschauung und Leistung.« Nach der Revolution 1918/19 verließ Behn die Stadt München, kehrte aber nach einigen Jahren wieder zurück. Den Tieren Afrikas gehörte seine ganze Liebe.

Der Medailleur Josef Bernhart »ist heute einer der produktivsten Medailleure. Er betätigt sich vorwiegend als Porträtmedailleur«, stellte Hans Gebhart 1932 fest. In dem Hitl'schen Wettbewerb des Jahres 1921 konnte er mit der Medaille für den Graphiker Joseph Sattler einen Preis erringen. Später schuf er noch Medaillen für Michael von Faulhaber, Josef Geis, Johann Wolfgang von

Goethe, Gustav von Kahr, Luise Willer und andere.

Seit 1904 lebte der 1881 in Münster geborene Bernhard Bleeker in München. Fast 30 Jahre lang gab er sein Wissen und Können an der Kunstakademie weiter. Die Porträts von Olav Gulbransson, Adolf von Hildebrand, Max Liebermann, Max Slevogt, Franz von Stuck machten ihn bekannt. Das großartige Kriegerdenkmal mit dem *Ruhenden Soldaten* im Hofgarten ist sein Hauptwerk. Der *Rossebändiger*, 1931 vor der Technischen Hochschule aufgestellt, erregte den Zorn scheinheiliger Sittlichkeitsapostel.

»Seine Kunst ist fest in der Tradition der Münchner Bildhauerschule verankert«, schrieb Hans Eckstein 1958 in seinem Buch *Ein Bildhauer unserer Zeit* über Georg Brenninger. Nach dem Studium der Architektur wechselte Brenninger 1932 zur Kunstakademie. Hermann Hahn war sein Lehrer, dem sich der Künstler immer dankbar verbunden fühlte.

Nahezu alle bedeutenden Bildhauer aus der Generation, die in den zwanziger Jahren bekannt wurden, waren an der Kunstakademie Schüler von Hermann Hahn. »Neben der Antike hat ihn besonders die Kunst Adolf von Hildebrands bestimmt, mit dem er die Kühle des Temperaments teilt«, schrieb Hans Vollmer im *Künstlerlexikon* von Thieme-Becker. Hahn war keiner der großen Meister, aber ein Lehrer, der echte plastische Form vermitteln konnte.

Zu erdgebunden und zu formal, zu lebensnah und von zu sinnlicher Fülle wurde dem jungen Bildhauer Josef Henselmann

Büste von Bernhard Bleeker

vorgeworfen, der sich aber nicht beirren ließ und mit schlichten Formen Anerkennung fand. Henselmann schuf Porträts, Figuren, Denkmäler und Bauplastik.

Anton Hiller, 1893 in München geboren, studierte ab 1913 bei Hermann Hahn, aber erst 1932 konnte er, kriegsbedingt, das Studium beenden. Die streng klassizistische Haltung Hahns hat Hiller beeinflußt, den Lehren Adolf von Hildebrands stand er ablehnend gegenüber, eher bekam er Anregungen von Rodin und Maillol. Statuarische Ruhe und weiche, aber zusammenfassende Modellierung ergänzen einander.

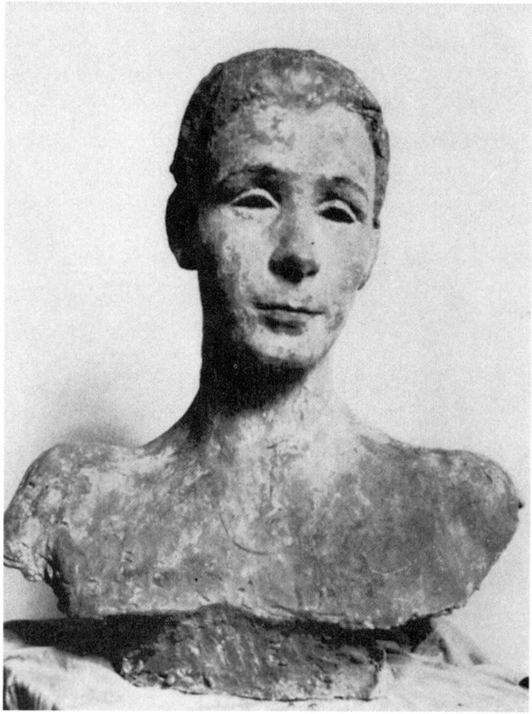

Hans Stangl: Frauenkopf, 1928

Fritz Koelle: Selbstbildnis 1932

Von 1912 bis 1923, mit Ausnahme der Kriegsjahre, studierte Ludwig Kaspar bei Hermann Hahn. Er lebte dann in Berlin und Braunschweig. 1945 starb er in seiner Heimat, in Oberösterreich.

»Seine Münchner Kunstbrunnen gehören zum Kunst-Bestand«, stellte Reinhard Müller-Mehlis in seinem Nachruf auf den Bildhauer Emil Krieger fest, der 1979 im Alter von 76 Jahren starb. An der Kunstakademie war Krieger 33 Jahre lang, zuerst als Lehrbeauftragter, dann als Honorarprofessor für Abendakt tätig.

Heinrich Kirchner wurde lange Zeit als guter Bronzegießer gerühmt, in seiner künstlerischen Tätigkeit jedoch nicht voll gewürdigt. Seine Themen: nackte Menschen, Tiere, Bildnisse, Szenen aus dem Alltag.

Karl Knappe ist fränkischer Abstammung, aber als Sohn eines Beamten 1884 in Kempten geboren. Nach dem Studium an der Münchner Gewerbeschule und der Kunstakademie ging er nach Dresden, Berlin und Rom. 1920 erste Kollektiv-Ausstellung von Glasbildern im Kunstgewerbeverein, von 1922 bis 1926 Steinreliefs für das

München. Rossebändiger vor der Technischen Hochschule von Hermann Hahn

Kriegerdenkmal vor dem Armeemuseum, 1925 Grabmal für Reichspräsident Fritz Ebert, 1926 bis 1927 Ziegelschnitte für Theodor Fischers Ledigenheim, 1930 Relief am Perlacher Friedhof, Berufung als Professor an die Technische Hochschule, 1933 als *Kulturbolschewist* aus dem Lehramt entlassen.

1933 schrieb Ernst Kammerer über den wegen »bolschewistischer Kunstauffassung« in Presse und Rundfunk schwer diffamierten Fritz Koelle: »Das Atelier Koelles ist eine Halle, die von Riesen bewohnt wird. Sie stehen nebeneinander auf ihren Postamenten... Sie reden vom Ernst der Arbeit in seiner Atelierhalle in Geiselgasteig...« Von 1916 bis 1924 studierte Koelle bei Hermann Hahn, 1923/24 erste Kollektiv-Ausstellungen bei Caspari und Thannhauser.

»Ihre Werke gehen hervor aus einer ganz tiefen Innerlichkeit, deren beste Kräfte aus einer naturnahen Naivität und einem ebenso naturhaften Christentum erwachsen«, schrieb Georg Lill 1927 über die Bildhauerin und Schriftstellerin Ruth Schaumann, 1899 in Hamburg geboren.

Eine enge Freundschaft verband Ludwig Kaspar mit Toni Stadler, dessen Onkel Kaspar entdeckt hatte. 1925 bis 1927 lebte Stadler in Paris und fand Zugang zur Werkstatt von Aristide Maillol. 1927 entstanden die ersten eigenen Arbeiten, Bildnisköpfe, Statuetten und Standbilder junger Frauen.

»Hans Stangl hat das Aussehen wie ein Handwerker in seinem blauen Mechanikeranzug«, schrieb Peter Breuer 1937 in seinem Buch *Münchner Künstlerköpfe*. »Am Kopf aber erkennt man den verinnerlichten Künstler.« Lebensgroße Frauenkörper und Frauenköpfe waren Stangls Motive.

Josef Wackerle, 1880 in Partenkirchen geboren, kam schon mit 13 Jahren an die Fachschule für Holzschnitzerei seines Heimatortes. 1922 wurde Wackerle an die Kunstakademie berufen, wo er 30 Jahre lang ein erfolgreicher Kunsterzieher war. Seine größten Erfolge erzielte er als Porzellankünstler für die Nymphenburger Porzellanmanufaktur und als Figurenplastiker.

»Hans Wimmers Kunst hat zwei kräftige Wurzeln. Da ist zunächst sein altbayerisches Naturtalent... Zum andern schöpft Wimmer aus einer umfassenden, in der abendländischen Tradition wurzelnden Bildung, wobei seine besondere Liebe der griechischen Kunst gilt«, schrieb Erich Steingräber im Katalog *Hans Wimmer zum 70. Geburtstag*. Die *Lebensdaten* hat der Künstler selbst zusammengestellt. 1907 in Pfarrkirchen geboren, 1927 an der TH und an der Kunstakademie, Begegnung mit Franz von Stuck, Kunstgeschichte studiert bei Joseph Popp und Wilhelm Pinder, 1929 Eintritt in die Bildhauerklasse von Bernhard Bleeker, 1930 Bekanntschaft mit Karl Voßler, von dem er 1931 ein Porträt gestaltete, 1932 Marmorporträt von Hans Knappertsbusch, 1933 Reisestipendium der Stadt München, 1960/62 Richard-Strauss-Brunnen, 1964/67 Reiterstandbild Kaiser Ludwigs des Bayern am Alten Hof.

Hermann Hahn und Hugo von Habermann waren von 1913 bis 1923 die Lehrer des Tierbildhauers Fritz Wrampe, 1893 in München geboren und bereits 1934 gestorben. Er war, nach der Meinung von Hans Eckstein (1946), »eines der ursprünglichsten Talente, bei dem schwer zu sagen ist, ob seine Zeichnungen und Lithos oder seine Skulpturen die kostbarere Hinterlassenschaft sind«.

IM DIENST DER KUNST

Im ›Offiziellen Führer durch Münchens Kunst und Kunst-Gewerbe‹ gab Carl Graf Scapinelli 1922 auch einen Überblick über Münchens Kunsthandel:

»Hier wird als eine der ältesten Firmen der Kunstsalon Littauer zu nennen sein, dessen Auslagefenster immer von Interessenten umstellt sind, hier wird die Galerie Heinemann, die sich die Förderung der Münchner Malerei im 19. Jahrhundert durch zahlreiche Kollektiv- und retrospektive Ausstellungen neben anderen Aufgaben zur Pflicht gemacht hat, nicht übergangen werden können. Helbing, der vor allem als Auktionator alter Kunstschätze Weltruf hat, hat mit mancher großer Sammlung bestimmend auf unseren guten Kunstruf Einfluß genommen. Auch die Galerie Fleischmann hat manche Künstlerpersönlichkeiten der neueren und manche Epoche der älteren Zeit mit Glück wieder in Erinnerung gebracht. Ein Mentor und Bekanntmacher jüngerer Kunst, speziell der Namen Erler, Putz usw. und der ehemaligen Scholle-Leute ist das Kunsthaus Brakl, ohne das sich die Fortentwicklung neuerer Münchner Kunst nicht denken läßt...«

Scapinelli nennt weiter als Förderer der neuesten Richtungen die Galerien Thannhauser und Caspari, die Kunstsalons Zickel, Baum, Goldmann, Schönemann, Bachstitz, Minerva, Schöpfl, Winter, Gabai, Koch, Baldauf usw.

Neben den Kunsthandlungen sind es jetzt vor allem die Museen, die sich in den trüben Tagen der Not und der Inflation als Trösterin der Kunstfreunde anbieten.

Eine großartige Idee war es, die Residenz als Residenzmuseum einzurichten. Adolf Feulner schrieb in der Zeitschrift *Dekorative Kunst* Oktober/November 1920: »Damit ist München um eine Sehenswürdigkeit reicher geworden, die einzigartig dasteht in Deutschland, ja in Europa. Allen anderen Herrschersitzen hat die Münchner Residenz zweierlei voraus: die Mannigfaltigkeit an hochbedeutenden Innenräumen, aus den verschiedenen Bauperioden von der Residenz bis zum Klassizismus und den Reichtum an Leistungen des Kunstgewerbes vom 17. bis zum frühen 19. Jahrundert.«

Bereits 1913 hatte die Moderne Galerie Thannhauser die erste Münchner Ausstellung der Werke von Pablo Picasso veranstaltet, 1922 zeigte Thannhauser das Schaffen Picassos der letzten Jahre. Paul Rosenberg beendete den einführenden Text im Katalog mit den Worten: »Picasso wird es sein, der den Mut gehabt hat, etwas Neues zu bringen: einen ihm eigenen Gedanken und Stil. Er wird seinen Platz haben an der Seite aller Werke der Vergangenheit, die er weiterführt, während er gleichzeitig an seiner Stelle zur kommenden Kunst hinleitet. Ein anderer Künstler kann kommen, um die Kette fortzusetzen, von der Picasso eines der letzten Glieder ist.«

Von den Sorgen eines Kunsthändlers während der Inflationszeit erzählte Otto Bernheimer in seinen Erinnerungen: »Neulich fand ich ein recht interessantes Dokument: es war eine Rechnung, die das Datum 22. Januar 1924 trägt – also Inflation in höchster Blüte. Ausgestellt war sie für Herrn Baron James von Bleichröder über 10 Teniersfauteuils. Das Endresultat, in Mark ausgedrückt, war eine astronomische Ziffer, man stelle sich vor: 54000 Dollars gleich zweihundertsechsundzwanzigtausend Billionen, da mußten ja beinahe die Sterne erblassen. Ausbezahlt wurde der Betrag in Mark...«

Die Neue Sammlung, eine Abteilung für Gewerbekunst am Bayerischen Nationalmuseum, wurde im März 1926 eröffnet. Gewerbekunst der Zeit, auch ausländisches Kunstgewerbe sollen gezeigt werden.

1927 wurde der Neubau für die Städtische Galerie nach den Plänen von Hans Grässel begonnen, am 1. Mai 1929 wurde die Galerie der Öffentlichkeit übergeben. »Die Galerie hat keine zeitliche Begrenzung, aber sie wird nur das aufnehmen, was dem Münchner Kunstkreis angehört«, schrieb Galeriedirektor Eberhard Hanfstaengl im Katalog. Bereits 1929 waren vertreten: die Maler Josef Achmann, Karl Caspar, Oskar Coester, Heinrich Ehmsen, Willi Geiger, Wilhelm Heise, Josef Scharl, Georg Schrimpf, Hugo Troendle, Max Unold; und die Bildhauer: Fritz Behn, Anton Hiller, Fritz Koelle, Hans Stangl, Josef Wackerle usw.

Wege abstrakter Malerei wies die Ausstellung in Günther Frankes Graphischem Kabinett, Brienner Straße 10, vom Dezember 1929 bis Januar 1930.

Die großen Namen der modernen Kunst sind im Katalog verzeichnet, z.B. Willi Baumeister, Georges Braque, Max Ernst, Juan Gris, Wassily Kandinsky, Paul Klee, Franz Marc, Pablo Picasso.

Unter dem Protektorat von Kardinal Faulhaber wurde 1930 im Residenzmuseum die Ausstellung *Kirchliche Kunstschätze aus Bayern* gezeigt. Nicht Quantität, sondern Qualität war das Motto bei der Zusammenstellung der Werke aus zwölf Jahrhunderten. Der Katalog nennt bedeutende Kunstschätze, den Tassilo-Kelch, den Tragaltar des Kaisers Arnulf, das Schmuckkästchen der Hl. Kunigunde.

Jüdische Kultgeräte wurden 1930 im Saal der *Gesellschaft Concordia von 1838* ausgestellt. Die Glanzstücke waren Thoraschmuck, Chanukka-Leuchter, Sederschüsseln, Gebetbücher.

1926 begannen die umfangreichen Um- und Neubauten für das Stadtmuseum nach den Plänen von Hans Grässel und im 3. Teilbau nach Entwürfen von Oberbaurat Leitenstorfer. Am 30. April 1931 konnte das *Historische Museum der Stadt München* wieder eröffnet werden. Nach dem Wunsch des Leiters Konrad Schießl sollte es kein Museum im landläufigen Sinne sein, kein Stapelplatz für Altertümer, sondern ein modernes *Heimatmuseum*.

In dem Buch *Briefe an Günther Franke* hat Doris Schmidt das *Porträt eines deutschen Kunsthändlers* gezeichnet. Franke hat in den zwanziger Jahren die Werke von Künstlern gezeigt, die ihrer Zeit voraus waren. Nach 1933 stellte er sich schützend vor ihr Werk, »vor das seines Freundes Xaver Fuhr ebenso, wie vor das von E. L. Kirchner, Erich Heckel, Otto Mueller, Karl Schmidt-Rottluff, von Alfred Kubin, Willi Baumeister und Karl Hofer, um nur die für ihn wichtigsten zu nennen«.

DER KUNSTHÄNDLER DER ZWANZIGER JAHRE

»Von einer Kunststadt (nicht identisch mit Kunststätte oder Künstlerstadt) kann nur dort die Rede sein, wo zwischen Kunst und Menschen lebendige, befruchtende, bejahende Beziehungen bestehen. Kein unbefangener Beurteiler wird im Hinblick auf München von solchen zu sprechen wagen. Ja, man wird ganz im Gegenteil nicht ohne eine gewisse Erbitterung feststellen müssen, daß für das Verhältnis des Münchners zur Kunst eine lähmende Indifferenz charakteristisch ist.«

Mit dieser harten, übersteigerten Kritik begann der Kunsthistoriker Leopold Zahn seinen Bericht über München in der Zeitschrift *Der Ararat*, die 1921 im 2. Jahrgang im Goltz-Verlag erschien. Redakteur war Leopold Zahn.

Der Kunsthändler Hans Goltz hat 1912 die Galerie *Neue Kunst Hans Goltz* eröffnet und die erste Ausstellung der Künstler des *Blauen Reiter* gezeigt. Seitdem war Goltz erfolgreich bemüht, der jungen Kunst zu dienen und den Künstlern eine Ausstellungsmöglichkeit zu schaffen. In die zwanziger Jahre hinein führte im Juni und Juli 1918 die 46. Ausstellung *Der Expressionistische Holzschnitt;* dabei wurden u. a. Blätter von Josef Achenbach, Karl Caspar, Franz Marc, Emil Nolde, Max Pechstein, Fritz Schaefler, Georg Schrimpf, Richard Seewald, Maria Uhden und Ludwig Wachlmaier (Wach) gezeigt. Im November 1920 machte Goltz seine Freunde mit den Werken von Heinrich Ehmsen bekannt, einem unerbittlichen Gegner der Morde rechter oder linker Fanatiker. Goltz hatte damals die ausschließliche Vertretung für Davringhausen, Eberz, Grosz, Klee, Mense und Schrimpf.

Neue Graphik kostete damals, zu Beginn der Inflation, von Eberz zwischen 60 und 130 Mark, Grosz 150 und 180 Mark, Seewald 95 Mark und Scharff 150 Mark, ein Jahr später die Lithographie *Der Zuchthäusler* von Grosz anstatt 180 bereits 250 Mark.

Das zehnjährige Jubiläum seiner Galerie feierte Goltz im November und Dezember 1922 mit der Ausstellung *Zehn Jahre Neue Kunst in München.* Die Preise der Blätter erscheinen recht günstig, man darf jedoch nicht die einleitende Notiz übersehen: »Grundpreise mit Schlüsselzahl (Multiplikator) im Oktober 1922: 30«, d. h. die Lithographie *Der Passant* von René Beeh kostete statt 25 jetzt 750 Mark. Für den Katalog, mit 6 Mark angezeigt, mußten 180 Mark auf den Tisch gelegt werden. Zur 100. Ausstellung brachte der rührige Galerist das Gesamtwerk von Paul Klee 1920–1925. Der *Ararat* hatte 1920 Klee mit einem Sonderheft geehrt. In diesem Sonderheft, zugleich auch Katalog der 60. Ausstellung der Galerie Goltz, erschien eine *biographische Skizze nach eignen Angaben des Künstlers;* diese endete mit den Sätzen: »1919 wieder ein freier Mann, ließ er seinem unbändigen Arbeitswillen freien Lauf. Vor allem schuf er sich nun die Form seines kleinen Ölbildes. Der große Erfolg fiel ihm wie die reife Frucht in den Schoß. Er freute sich seiner in der Stille und arbeitsreichen Zurückgezogenheit. Träumend, schaffend, geigespielend.«

Seit 1921 wirkte Klee als Professor am Bauhaus in Weimar.

DER GLASPALAST BRENNT

»Der Münchner Glaspalast ein Raub der Flammen. Ein nationales Unglück, unermeßliche Kunstschätze, darunter die Sammlung deutscher Romantik, vernichtet.« Mit dieser Schlagzeile erregten die *Münchner Neuesten Nachrichten* am Sonntag, dem 7. Juni 1931 den Schrecken der Münchner.

In der Zeitschrift *Das Bayerland* vom September 1931 hat der Kunsthistoriker Richard Braungart vom Untergang des Glaspalasts, der in der Nacht zum 6. Juni 1931 restlos ausbrannte, berichtet:

»Die Glaspalastausstellung 1931, die nur sechs Tage alt geworden ist, hat vom ersten Augenblick an für eine der schönsten Kunstausstellungen gegolten, die wir in den letzten Jahren gesehen haben. Darüber scheinen sich tatsächlich alle Richtungen in seltener Einmütigkeit einig gewesen zu sein. Man sah in sämtlichen Abteilungen viel gute Kunst, konservative und fortschrittliche, einige wunderschöne Nachlaß- und Kollektivausstellungen und eine Fülle des Wertvollen in den Abteilungen für Graphik, Architektur und Kunstgewerbe. Das Allerköstlichste aber ist in drei Sälen im südlichen Mittelbau untergebracht gewesen: 110 Werke deutscher Romantiker von Caspar David Friedrich bis Moritz von Schwind. ... Da kam der Morgen des 6. Juni. Und sämtliche 110 Werke, ein kostbares Stück deutschen Nationalbesitzes, war in einer Stunde vernichtet. Nicht eines konnte gerettet werden.«

Schwer traf der Brand viele zeitgenössische Künstler. Leo Samberger büßte 16 Bildnisse ein, Otto Scheinhammer 35 ausge-

Der Glaspalast. Deutschlands erstes Ausstellungsgebäude, 1854 von Voit und Werder aus Glas und Eisen erbaut. Seit 1888 Kunstausstellungshaus. Zerstört im Jahre 1931.

suchte Arbeiten, Hans von Hayeck 17 Werke, der Schweizer Kuno Amiet verlor fast das gesamte Lebenswerk.

Der Glaspalast bot in den zwanziger Jahren Raum für die Künstler aller Stilrichtungen. Der amtliche Katalog der Kunstausstellung 1926 ist dafür ein gutes Beispiel. Bei der *Münchener Künstler-Genossenschaft* stellten aus: Leon Bakst (Paris), Wilhelm Heise, Alexander Kubinyi, Michael von Munkácsy, Albert Reich, Raffael Schuster-Woldan, Josef Seché, Heinrich Wadere; die *Münchner Secession* vertraten: Cuno Amiet, Ludwig Bock, Lovis Corinth, Julius Diez, Fritz Erler, Adolf Hartmann, Friedrich Heubner, Adolf von Hildebrand, Conrad Hommel, Julius Hüther, Leo Samberger, Franz von Stuck, mit der *Neuen Secession* stellten sich junge Künstler vor, so Karl Arnold, Ernst Barlach, Max Beckmann, Karl Caspar, Willi Geiger, Th. Th. Heine, Josef Henselmann, Karl Hofer, Oskar Kokoschka, Alfred Kubin, Franz Marc, Emil Nolde, Hans Purrmann, Richard Seewald, Adolf Schinnerer, Georg Schrimpf, Walter Teutsch, Hugo Tröndle, Max Unold.

Die *Münchner Mitteilungen*, herausgegeben von Ernst Heimeran, haben im September 1927 zusammengestellt, welche Werke von Staat und Stadt erworben wurden. Gemälde, Graphik und Plastik wurden gekauft von Josef Achmann, Adolf Büger, Albert Burkart, Karl Caspar, Josef Eberz, Wilhelm Heise, Anton Hiller, Fritz Koelle, Georg Kolbe, Hans Reinhold Lichtenberger, Leo Putz, Georg Schrimpf, Julius Wolfgang Schülein, Hans Stangl, Walter Teutsch, Max Unold, Erich Wilke. Für die Galerien von Stadt und Staat ist diese Auswahl doch durchaus zu verantworten. So sehr hinter dem Mond, wie ultramoderne Kunstpäpste damals und auch heute die Münchner Galeriedirektoren beurteilen, lebten und leben sie doch nicht. Sie kauften, auch in den zwanziger Jahren, mit dem Geld der Steuerzahler, und diese waren in Bayern und in München nicht besonders reich. Nach der Vernichtung des Glaspalastes wurde sofort die *Glaspalast-Künstlerhilfe* ins Leben gerufen; die Leitung übernahm der erfahrene Kommerzienrat Baumgärtner. Oskar von Miller stellte im Obergeschoß des Bibliotheks-Neubaus des Deutschen Museums ausreichend Räume zur Verfügung. Bereits sechs Wochen nach dem Unglück konnten hier ca. 2500 Werke ausgestellt werden.

Eineinhalb Jahre später aber regierte Adolf Hitler und ließ sich von seinem Leibarchitekten Paul Ludwig Troost bis 1937 das *Haus der Deutschen Kunst* an der Prinzregentenstraße bauen.

DAS PLAKAT

Die Zeitschrift *Das Plakat* des Vereins der Plakatfreunde in Charlottenburg veröffentlichte im Januar 1921 ein *München-Heft*, in dem Richard Braungart ausführlich über *Münchner Reklamekunst und Gebrauchsgraphik von heute* berichtete:

»Wenn wir uns davon überzeugen wollen, wie es heute um das Münchner Plakat stehe, dann ist es wohl am besten, einen Gang durch die Stadt zu machen und nachzusehen, was an den Plakatsäulen und -Wänden angeschlagen ist. Meist sind es Plakate mit geschäftlichen Reklamen, vor allem für Zigarettenfabriken; dann solche für Cabarets und Kleinbühnen und für etliche Spezialzwecke; hier und da auch Kinoplakate, doch nur bei besonderen Anlässen (*Sumurun* war ein solcher); in der Regel begnügen sich die Kinos mit einfachen Schriftplakaten, und nur am Eingang zum Theater tut ein Bildplakat als stummer und doch sehr lauter *Anreißer* seine Schuldigkeit. Beinahe am häufigsten sieht man sich immer noch den Plakaten und Reklametafeln von Ludwig Hohlwein gegenüber...«

Neben Hohlwein zeigten sich besonders Valenty Zietara und Franz Paul Glaß als gefragte Plakatkünstler. Braungart nennt

Hans Wolff: Plakat, 1924. Stadtmuseum

aber noch eine ganze Reihe bekannter Künstler, die für Werbung in Frage kamen, z. B. Emil Preetorius, Karl Arnold, Otto Obermeier, Wolfgang Schnackenberg, Paul Neu, Johann B. Maier und Seché. Als Meister der Gebrauchsgraphik, besonders als Exlibris-Künstler werden vorgestellt: Josef Sattler, Willi Geiger, Hans Volkert, Sepp Frank, Erich Heigenmoser, E. R. Vogenauer, Willy Hallstein usw.

Die Ausstellung *Das internationale Plakat* bestätigte 1929 den Rang Münchens als Stadt avantgardistischer Plakatkunst in den zwanziger Jahren. Oberbürgermeister Scharnagl hatte das Protektorat übernommen. Franz Paul Glaß, der künstlerische Leiter, schrieb über den ›Münchner Plakatstil‹:

»Julius Diez und Weisgerber sind die wesentlichen Former des Münchner Plakatstils, der durch sie Ruf und Namen gewann... Paul Neu und Preetorius sind Künstler, deren Arbeiten es unnötig machen, noch München dazuzuschreiben. Die

Max Unold: Plakatentwurf zu »Peripherie 27« von Frantisek Langer

großen Erfolge des die Naturform bewahrenden Hohlwein-Plakates ließ ein Heer von Nur-Nachahmern entstehen, gegen deren üblen Naturalismus die jüngeren Kräfte eine energische Abwehrstellung einnehmen…«

Über die *Neue Vereinigung Münchner Plakatkünstler* schrieb H. K. Frenzel in der Zeitschrift *Gebrauchsgraphik* vom August 1931:

»Die Münchner Plakatkunst nimmt im Rahmen der deutschen Werbekunst eine besondere Stellung ein. Ihre beiden äußersten Exponenten sind Ludwig Hohlwein und Valenti Zietara:

Josef Seché: Plakat, um 1920. Stadtmuseum

Ludwig Hohlwein, der Meister des realistisch-romantischen Plakats, Valenti Zietara, der Meister des stilistisch-abstrakten Plakates.

Zwischen diesen beiden Extremen stehen die übrigen Namen, zum Beispiel Franz Paul Glaß, Ibe, Keimel, Eschle usw.

Eine etwas neue, aber durchaus süddeutsche Note bringt der junge Graphiker Lindner in diese Vereinigung...«

DAS LICHTBILD

Führer durch die internationale Ausstellung »das lichtbild«, München 1930

Der *Münchner Bund* und der *Verein Ausstellungspark E.V.* veranstalteten vom 5. Juli bis 7. September 1930 die Internationale Ausstellung *Das Lichtbild.* Vorsitzender des Arbeitsausschusses war Wolfgang von Wersin, der Leiter der Neuen Sammlung, den *Münchner Bund* vertrat Paul Renner, den Verein Ausstellungspark Stadtrat Adolf Konrad, die geschichtliche Abteilung betreute Franz Roh. In die Ausstellung kamen 15178 Besucher, täglich also etwa 160 Personen.

Die *Deutsche Filmzeitung* Nr. 23/1930 bezog sich in ihrem Bericht auf die Eröffnungsrede von Oberstudiendirektor Paul Renner, Leiter der Meisterschule für Deutschlands Buchdrucker:

»Renner zieht die Parallele mit dem Buchdruck, von dem heute jedermann zugibt, daß er nicht gewinnt, sondern verliert, wenn er das Mechanische seiner Herkunft zu verleugnen sucht und sich um Wirkungen bemüht, die nur der Handschrift möglich sind ... Das mit Holzschnitten illustrierte Familienblatt ist schon lange ersetzt worden durch illustrierte Zeitungen, die von der ersten bis zur letzten Seite mit Photos angefüllt sind. Das deutsche Volk allein kauft davon wöchentlich fünf Millionen Exemplare und gibt dafür wöchentlich eine Million Reichsmark aus. Die Wahrheit in der Photographie ist keineswegs automatisches Ergebnis der mechanischen Technik. Sie ist eine geistige Leistung. Sie ist das Ergebnis einer seelischen Haltung ...«

Im Katalog der Ausstellung wird über Aufgabe und Geschichte der Photographie berichtet:

»Niemand war berufener, die historische Abteilung zu betreuen, als der Münchner Kunsthistoriker Dr. Franz Roh, der gegenwärtig an einer Geschichte der Photographie arbeitet. Berliner, Wiener und Hamburger Sammler haben ihm bereitwilligst gestattet, aus ihren wertvollen Beständen das Interessanteste für die Münchner Ausstellung auszuwählen. Den weitaus größten Raum nimmt die von uns selbst zusammengebrachte und ausgewählte Ausstellung der modernen Photographie ein ...«

BAUTEN, BAUMEISTER, WOHNUNGEN

BAUTEN AUS DEM GEIST DER ZEIT

Über die *Kunststadt München und das neue Bauen* fand Hans Eckstein in der Zeitschrift *Kunst und Künstler* überaus kritische Worte.

Er stellte einleitend fest, daß das »eigentliche Münchnertum« an den städtebaulichen Leistungen der Zeit der Könige Ludwig I. und Maximilian II. keinen entscheidenden Anteil hatte. »Seine kulturelle Herrschaft begann erst, als Leibl und die Maler um ihn München verlassen hatten, und Lenbach der heimliche Regent der Kunststadt geworden war.« Eckstein beklagt, daß die neuen Bewegungen im Bauen in München hindurchgegangen, aber nicht Boden gewinnen konnten. Am Bibliotheksbau des Deutschen Museums sieht Eckstein »klassische Stilreminiszenzen«, beim Neubau der Städtischen Galerie wurde eine »Weiterführung der Seidl'schen Renaissance versucht«, das Hochhaus an der Blumenstraße »ist ganz im Sinne der historisch-romantischen Architektur« gelöst worden. Als »wahrhaft künstlerische Leistung aus dem Geist der Zeit« findet das Kriegerdenkmal mit den Reliefschnitten von Karl Knappe volle Anerkennung. »Den entscheidendsten Durchstoß zur heutigen Bauform aber hat eine junge staatliche Bauverwaltung vollzogen: die seit

»Künstlerhof«. Neuhausen. Architekt H. Döllgast.

Postamt Goetheplatz: Architekt R. Vorhoelzer und W. Schmidt

1921 bestehende, dem Ministerialrat R. Poeverlein unterstellte Hochbauverwaltung der bayrischen Abteilung des Reichspostministeriums. Was die Bauabteilung der Münchner Oberpostdirektion unter R. Vorhoelzer, der sich in der Ausbildung junger Architekten als ein ungewöhnlich begabter Pädagoge erwiesen, geleistet hat, zeugt durchaus von einer einheitlichen Grundgesinnung...«

Im *Stadtbauamt-Archiv* von 1926 hat Fritz Beblo über die Hochbauten der Stadt seit 1922 berichtet, so über das Verwaltungsgebäude an der Blumenstraße nach den Plänen von Beblo und Hermann Leitenstorfer, über die Höhere technische Lehranstalt an der Lothstraße unter Leitung von Karl Meitinger, über den Sportplatz und das Familienbad an der Dantestraße, ebenfalls unter

Aussichtsturm im städtischen Ausstellungspark. Architekten: Guido Harbers, Theo Lechner und Fritz Norkauer

Meitinger, über das Familienbad Maria Einsiedel, über die Bauten im Schlacht- und Viehhof, über das St. Joseph-Altersheim von Hans Grässel und die Dermatologische Klinik, wieder unter Leitung von Meitinger und Richard Schachner.

Zur *Deutschen Verkehrsausstellung 1925* bauten die Architekten Guido Harbers,

Karmelitenkirche St. Theresia und St. Nikolaus; München-Landshuter Allee. Architekt: Franz K. Boemmel. Im Bau begriffen seit Frühjahr 1922

Städtisches Altersheim an der Waldfriedhofstraße. Planung und Bauleitung: Hans Grässel

Theo Lechner und Fritz Norkauer den Aussichtsturm im Ausstellungspark, der ein Wahrzeichen der Schwanthalerhöhe wurde, leider den Olympischen Spielen 1972 zum Opfer fiel.

»Zu den neuen Kirchen Münchens« brachte Georg Lill in der Zeitschrift *Die christliche Kunst*, August 1927, einen Bericht.

Unter drückenden Verhältnissen entstanden in der Inflationszeit St. Wolfgang in der

Ledigenheim in der Bergmannstraße: Architekt Theodor Fischer

Au, von 1914 bis 1922 von Hans Schurr erbaut, und St. Martin in Moosach, 1923 von Hermann Leitenstorfer erstellt. Ausführlich behandelt Lill die Karmelitenkirche St. Theresia, St. Canisius, St. Franziskus, St. Gabriel, St. Korbinian und St. Sylvester. Mit Ausnahme von St. Gabriel, wo ein Übergang von mittelalterlicher Tradition zu moderner Gestaltung gesucht wurde, sind fünf Kirchen im Barockstil erbaut. »Der Wunsch nach barocker Gestaltung ging daher nicht nur von den Baumeistern, sondern wesentlich von den Bauherrn aus«, stellte Lill fest. Übrigens, Kirchen werden in Bayern zumeist nach dem Wunsch der Gläubigen gebaut, die hier Einkehr halten, nicht als Objekte zur Kritik unerfahrener, ortsfremder Kunstschriftsteller.

In den Jahren nach 1927 ging der Kirchenbau, trotz der Geldknappheit, immer weiter. 1929 entstanden die Christkönigskirche und die Pfarrkirche St. Sebastian, 1931 folgten die Verklärungs-Christi-Kirche in Fürstenried und die Kirche der Hl. Familie in Harlaching, 1932 die Pfarrkirchen St. Pius, St. Emmeran in Engelschalking und St. Raphael in Hartmannshofen, seit 1930 von Hans Döllgast als moderner Saalbau errichtet.

Die bedeutendste Kirche für evangelische Christen bauten von 1926 bis 1927 Ulrich Ros und Hans Grässel in Giesing, die Lutherkirche. German Bestelmeyer lieferte die Pläne für die Auferstehungskirche, die bis 1931 an der Gollierstraße entstand. Das Bauamt der evangelischen Kirchengemeinde entwarf die Kreuzkirche in der Hiltenspergerstraße, 1930 erbaut, 1936 erweitert, im Krieg zerstört, durch einen Neubau ersetzt.

Das Lebenswerk des Baumeisters Bernhard Borst – die Borstei – entstand in den Jahren 1924 bis 1929. Borst und seine Mitarbeiter Oswald E. Bieber, unterstützt von dem Gartenarchitekten Alwin Seifert, schufen auf 63718 qm Fläche ein Wohnquartier von 17000 qm.

Ideale Wohnungen für den Mittelstand zu schaffen, war der Plan. Viele Münchner brachten damals wenig Verständnis für den großartigen Plan und die vollendete Durchführung auf, die weite Entfernung von der Innenstadt und die Nähe von Gaskessel und Westfriedhof wurden immer wieder abschreckend erwähnt.

HEIM UND TECHNIK MÜNCHEN 1928

Am 23. April 1926 telefonierte der Schöpfer des Deutschen Museums, Geheimer Baurat Dr.-Ing. Exzellenz Oskar von Miller, mit dem städtischen Ausstellungsreferenten, Rechtsrat Dr. Konrad, daß in einer Vorstandssitzung der technisch-wissenschaftlichen Vereine in Berlin beschlossen worden sei, die Ausstellung Heim und Technik in München abzuhalten, sofern die Stadt München zustimme. Damit war ein heißer Kampf der Städte München und Leipzig um die Durchführung der Ausstellung Heim und Technik durch das Eintreten Oskar von Millers zuunsten Münchens entschieden. In seinem »Schlußbericht« konnte Josef M. Jurinek, der geschäftsführende Direktor, ausführlich über das Zustandekommen dieser interessanten Ausstellung berichten.

Im November 1926 wurde im Münchner Rathaus der »Verein Ausstellung Heim und Technik München 1928« gegründet und Oskar von Miller zum Präsidenten gewählt. Für die ersten Vorarbeiten genehmigte der Stadtrat einen Zuschuß von 100000 Reichsmark. Im März 1927 legten die verantwortlichen Persönlichkeiten das Programm in großen Zügen fest. Bei der Projektierung gab es Schwierigkeiten, eine neue Ausstellungshalle konnte nicht mehr gebaut werden, Oskar von Miller legte daher im Dezember sein Amt als Präsident nieder. Der Stadtrat beschloß aber, die Ausstellung unbedingt 1928 zu zeigen. Als neuer Präsident wurde Geheimrat Prof. Christian Prinz gewonnen, er wurde unterstützt von einem 2. und 3. Präsidenten, von Bürgermeister Dr. Küfner und von Ministerialrätin Dr. Gertrud Bäumer. »Das neue Präsidium begann seine Arbeit am 9. Januar 1928 und führte in 53 Arbeitsstunden die Ausstellung durch, die, in allen Abteilungen vollkommen fertig, am 25. Mai eröffnet wurde.«

Der Stadtrat hatte, um eine ungestörte Durchführung zu ermöglichen, 500000 Reichsmark Betriebsvorschuß gewährt. Bei der Eröffnung sprachen Justizminister Gürtner für die bayerische Staatsregierung, Oberbürgermeister Scharnagl für die Stadt München und Geheimrat Prinz für die Ausstellungsleitung.

Im Vorwort des *Amtlichen Katalogs* ist mit wenigen Worten das Ziel der Ausstellung beschrieben: »Angefangen von den einfachsten Haus- und Küchengeräten bis zu den feinsinnigst erdachten Maschinen, sollen die Hausfrauen mit den besten und wirtschaftlichsten Einrichtungen bekanntgemacht werden. Es soll gezeigt werden, wie durch deren Anschaffung und Verwendung Zeit, Arbeit und Rohstoff gespart werden könne. Die zweckmäßige Raumgestaltung des Heimes, im besonderen die der Kleinwohnung, ist in das Ausstellungsprogramm einbezogen. Die Ausstellungsgegenstände werden in eindringlicher Form vorgestellt, Hauswirtschaft und Industrie sollen dadurch gefördert werden.«

Über den Sinn der Ausstellung für die Hausfrau schrieb Gertrud Bäumer, Ministerialrätin, Schriftstellerin und Vorkämpferin der Frauenbewegung:

»Bis vor kurzer Zeit ist die Technik der Entlastung der Hausfrau nur in sehr geringem Maße und sicher nicht in planmäßiger Weise zugute gekommen. Und doch kann die Hausfrau ihr Heim als Pflegestätte der jugendlichen Kraft und persönlichen Kultur und als Mittelpunkt des seelischen Volkslebens nur erhalten, wenn ihr dabei die Technik zur Entlastung von körperlicher Arbeit ganz anders zu Hilfe kommt. Wenn die Technik des Hauses und der Hauswirtschaft nicht die Voraussetzungen eines behaglichen Familienlebens schafft, kann sich die Hausfrau zu Tode quälen, ohne solches Behagen verwirklichen zu können. Schuld an dem bisherigen unzulänglichen Zustand war sowohl die Technik wie die Frau; die Frau, weil sie es nicht verstand, als Kundin und Konsumentin die notwendigen Erleichterungen zu erzwingen, und die Technik, weil sie in großem Stil ihre Kraft und Intelligenz auf die Fragen der Heimgestaltung nicht gelenkt hat.«

Für die Ausstellung standen 9 Hallen mit einer Fläche von 32000 Quadratmetern und 12000 Quadratmetern Freigelände zur Verfügung. In insgesamt 76 Ausschüssen wurden kluge Worte gesprochen, 12 Architekten sorgten für den Aufbau, weiter wurden z. B. beschäftigt: fünf Baufirmen, 15 Zimmerermeister, 12 Malermeister, 13 Tapezierer usw. Besondere Bedeutung beanspruchte die Halle I, hier wurde unterrichtet über die Bedeutung des Haushalts, die Beleuchtung, die Brennstoffe, das Heizen mit Strom und Gas, über Kachel- und Eisenöfen, 21 Musterwohnungen atmeten den Geist der zwanziger Jahre. Halle II informierte über Kocheinrichtungen, Halle III über Ernährung, Halle IV über Wärme- und Schallschutz, Bautechnik und Bauweise, das Bazargebäude war der Welt der Kleinen, der Unterhaltung, Belehrung und der Beschäftigung gewidmet.

Diese kurze Übersicht zeigt, daß die Probleme des Heims und des Haushalts unverändert geblieben sind.

Plakat zur Ausstellung »Heim und Technik«, München Juni–Oktober 1928

An der Ausstellung beteiligten sich 348 Firmen aus allen Teilen Deutschlands, daneben auch zahlreiche staatliche und kommunale Fachverbände, die bedeutendsten Hausfrauenvereinigungen, Institute und Schulen. Das Werbebüro, unter der Leitung von Kommerzienrat Baumgärtner, versandte 4,5 Millionen Werbeprospekte, eine Million Siegelmarken, 100000 farbige Werbepostkarten, ließ 63700 Plakate anschlagen und gab 4000 Anzeigen auf. Besucht wurde die Ausstellung von 1480236 Personen, dies ergibt einen Tagesdurchschnitt von 10844 Personen.

Um das Wohl der Gäste bemühten sich fünf Gaststätten, 40 Verkaufsbuden und Kioske, die Liliputbahn und das Marionettentheater von Paul Brann, der mit sieben Vorstellungen aufwarten konnte. Brann war es gelungen, bedeutende Mitarbeiter zu verpflichten, so z.B. Julius Diez, Olaf Gulbransson, Paul Neu, Bernhard Pankok, Wilhelm Schulz, Ernst Stern, Ignatius Taschner, Joseph Wackerle.

Das ideale Heim von heute stand im Mittelpunkt aller Diskussionen. Prof. O. O. Kurz schrieb im Katalog: »Seien wir uns aber über eines klar: die Verbindung von Heim und Technik kann nur dann als vollkommen angesehen werden, wenn im Heim die Technik nicht vorherrscht, sondern als selbstverständliche Einrichtung unauffällig dienend hinzukommt.«

Die Münchner Stadträtin Luise Kiesselbach sah in der Ausstellung vor allem die Hausfrau angesprochen und gefordert. Sie schrieb im Katalog: »Allein Hausfrauen müssen die neuen Grundsätze der Heimgestaltung und Haushaltführung gezeigt werden. Daher ist auch die Ausstellung für alle bestimmt, für die Hausfrau schlechthin, für die Frau im Doppelberuf, für die alleinstehende berufstätige Frau und nicht zuletzt für die hauswirtschaftliche Lehrerin...«

Zu den Hauptsehenswürdigkeiten der Ausstellung gehörten die 21 Musterwohnungen in Halle I mit einer überdeckten Fläche von 5500 Quadratmetern. Die Wohnung 3 plante Landesbaurat Paul Wenz unter Mitarbeit seiner Frau Wenz-Viëtor. Die Zeitschrift »Der Baumeister« vom Juli 1928 berichtete:

»Die Wohnung besteht aus einem Wohn- und Schlafzimmer, Eingang mit Garderobe, Gang, Kammer, Wohnküche, Wasch- und Badraum, Balkon. Sie ist für ein Ehepaar mit ein bis zwei Kindern gedacht. Die gegenseitige Abtrennung der Räume entspricht den Bedürfnissen gebildeter Menschen. Der Mann soll in der Lage sein, in seiner Wohnung unbehelligt entweder seinem Beruf nachzugehen oder abends ungestört seinen geistigen Interessen zu leben. Die Wohnung bietet trotz ihrer beschränkten Grundfläche von 66 Quadratmetern die Möglichkeit zur Unterbringung zweier Kinder und eines Mädchens oder einer Verwandten.« Groß waren die einzelnen Räume nicht, das Wohnzimmer umfaßte 13,62 Quadratmeter, das Schlafzimmer 16,56 Quadratmeter. Für die Gesamtfläche von 65,92 Quadratmetern war eine Monatsmiete mit 56 Reichsmark errechnet.

Die Wohnung 16 war für eine berufstätige Frau geplant mit einem durchschnittlichen Einkommen von 150 bis 250 Reichsmark. Die monatliche Miete für eine komplett eingerichtete Wohnung, einschließlich Kosten für eine Wirtschafterin, Heizung, Licht, Gas, Putzmittel und Amortisation der Einrichtungsgegenstände war mit 50 Reichsmark angesetzt. Für je zehn derartige Zimmer war ein gemeinsames Bad geplant, ebenso die Bezahlung der Wirtschafterin, die von einer Frauenorganisation angestellt werden sollte.

Gedanken zum Entwurf einer Wohnung für eine kinderreiche Mittelstandsfamilie mit vier Kindern und einem Kleinkind (Wohnung 20) machte sich Regierungsbaumeister Walther Schmidt. Für das Wohnzimmer waren 20,6 Quadratmeter vorgesehen, für das Elternschlafzimmer 18,9 Quadratmeter, für die beiden Kinderzimmer 18,9 bzw. 10,3 Quadratmeter. Für insgesamt 103 Quadratmeter betrug die Monatsmiete etwa 88 Reichsmark. Die ausgestellten 21 Wohnungen waren alle höchst rationell eingerichtet, die Zimmer zumeist sehr klein, eingebaute Wandschränke sorgten für die Unterbringung der Kleider, Wäsche und Geräte, die Möbel mehr als bescheiden, aber trotzdem massiv, der Raumschmuck sehr nüchtern.

Die Tages- und die Fachpresse hat sich intensiv mit der Ausstellung »Heim und Technik« befaßt, über 5000 Pressestimmen wurden gesammelt. Die *Münchener Neuesten Nachrichten* stellten abschließend fest: »Von der Ausstellung Heim und Technik konnte, wer da ernstlich wollte, vieles lernen. Zum Beispiel Vereinfachung des Lebens, ohne daß doch Verarmung damit verbunden wäre. Ersparnis von Raum, Zeit, Kraft und Geld durch richtige Organisation. Richtige Körperhaltung bei notwendigen Arbeiten. Vermeidung von häuslichen Unfällen. Richtige Heiz- und Lüftungsmethoden. Die Hauptsache aber, in der für die Frauen ein besonderer Ansporn für die Zukunft liegt, ist die hohe Wertung des Heims, des Hauswesens...«

MUSIKANTEN UND KOMÖDIANTEN

MUSIK IN OPER UND KONZERTSAAL

Münchner Komponisten wie Richard Strauss oder Hans Pfitzner, Dirigenten wie Bruno Walter oder Hans Knappertsbusch wurden weltberühmt. Sie fanden aber auch Klangkörper, um die letzten Feinheiten der Tonkunst zu erzielen.

Über die *Münchner Philharmoniker* schrieb Wilhelm Zentner 1953: »1920 war in Siegmund von Hausegger, der um die Jahrhundertwende sich bereits um die Volks-Symphoniekonzerte hochverdient gemacht hatte, ein neuer Leiter der Abonnementskonzerte gewonnen worden. Ein vorbildlicher Programmgestalter, ein klassischer Interpret Beethovens, Liszts und Bruckners war damit an die Spitze getreten. Nicht minder

Hans Knappertsbusch

Bruno Walter

ODEON MÜNCHEN

Musikalische Akademie e.V.

vorm. Königl. Hoforchester

Gegründet 1811

10 Abonnementkonzerte 1928/29

Leitung:

Prof. Hans Knappertsbusch, B. Generalmusikdirektor

Chor: Lehrergesangverein München

(Chormeister: Eduard Zengerle)

1. SERIE

1. Konzert: 16. Okt. 1928, 19½ Uhr
(Hauptprobe: 14. Oktober 1928, 11 Uhr)
1. Händel: Concerto grosso
2. Haydn: Symphonie (Oxford)
3. Beethoven: 5. Symphonie

2. Konzert: 1. Nov. 1928, 19½ Uhr
(Hauptprobe: 31. Oktober 1928, 19½ Uhr)
Mozart:
REQUIEM
(Elisabeth Feuge-Friederich, Luise Willer, Julius Patzak, Paul Bender)

3. Konzert: 12. Nov. 1928, 19½ Uhr
(Hauptprobe: 11. November 1928, 11 Uhr)
1. Schubert: Symphonie h moll
2. Schubert-Liszt: Wandererfantasie (Frieda Kwast Hodapp)
3. Schubert: Symphonie C dur

4. Konzert: 26. Nov. 1928, 19½ Uhr
(Hauptprobe: 25. November 1928, 11 Uhr)
1. Honegger: Pazifik (zum ersten Male)
2. Strauß: Klavierkonzert (zum ersten Male) (Paul Witgenstein)
3. Brahms: 3. Symphonie

5. Konzert: 17. Dez. 1928, 19½ Uhr · (Hauptprobe: 16. Dezember 1928, 11 Uhr)
1. Graener: Komödietta (zum ersten Male)
2. Beethoven: Violinkonzert (Karl Flesch)
3. Strauß: „Tod und Verklärung"

2. SERIE

6. Konzert: 21. Jan. 1929, 19½ Uhr
(Hauptprobe: 20. Januar 1929, 11 Uhr)
1. Brahms: Haydnvariationen
2. Mahler: Lieder eines fahrenden Gesellen (z. 1. M.) (Hermann Nissen)
3. Mozart: Symphonie Es dur (Köch. Verz. Nr. 543)

7. Konzert: 28. Jan. 1929, 19½ Uhr
(Hauptprobe: 27. Januar 1929, 11 Uhr)
Beethoven:
NEUNTE SYMPHONIE
(Hildegarde Ranczak, Luise Willer, Heinrich Knote, Paul Bender)

8. Konzert: 25. Febr. 1929, 19½ Uhr
(Hauptprobe: 24. Februar 1929, 11 Uhr)
1. Reger: Böcklinsuite (zum ersten Male)
2. Dvořák: Cellokonzert (Emanuel Feuermann)
3. Berlioz: Römischer Karneval

9. Konzert: 24. März 1929, 19½ Uhr
(Hauptprobe: 22. März 1929, 19 Uhr)
Bach: MATTHÄUS-PASSION
(Ella Flesch, Luise Willer, Julius Patzak, Georg Hann, Berthold Sterneck)

10. Konzert: 8. April 1929, 19 Uhr · (Hauptprobe: 7. April 1929, 11 Uhr)
1. Toch: Fantastische Nachtmusik (z. ersten Male)
2. Paganini: Violinkonzert (Annie Steiger-Betzak)
3. Wolf: Italienische Serenade
4. Beethoven: 3. Symphonie (eroica)

Änderungen vorbehalten

Programm des Odeon München. Musikalische Akademie e.V., vormals Königliches Hoforchester. Gegründet 1811

wurde das Schaffen der Zeitgenossen gefördert, ein erster Einsatz für heute so anerkannte Komponisten wie Heinrich Kaminski, Werner Egk oder Karl Höller gewagt... In die Dirigentenzeit Hauseggers fällt auch ein Ereignis von schicksalhafter Bedeutung für die organisatorische Struktur und wirtschaftliche Festigung des Orchesters. Im Jahre 1924 übernahm die Stadtverwaltung München in Gestalt jährlicher hoher Zuschüsse die Sorge für das Orchester, das von da ab den Namen *Münchener Philharmoniker* als äußeres Symbol einer inneren Verbundenheit annahm.

Von den zahlreichen in München tätigen Komponisten oder Dirigenten können nur einige vorgestellt werden.

Werner Egk hat 1934 ein Selbstporträt geschrieben, das in seinem Buch *Musik – Wort – Bild* (1960) zu finden ist: »Gelernt habe ich, wann und wo ich konnte, studiert

Julius Patzak

aber habe ich nur bei wenigen Lehrern, und es war kein berühmter Meister darunter. Musikalisch betrachtet stehe ich also durchaus ohne Familie und ganz gar allein inmitten dieser bösen Welt...«

Joseph Haas fühlte sich in Stuttgart, obwohl er 1917 zum württembergischen Professor ernannt wurde, nicht glücklich. 1921 bekam er die Einladung des Bayerischen Kultusministeriums zu einem Gespräch über eine Anstellung an der Akademie der Tonkunst. Der Pianist Schmid-Lindner hatte die Berufung vorbereitet. Haas wurde also außerordentlicher Professor und übersiedelte baldmöglichst nach München. Hier fand er ein Betätigungsfeld, das ihm zusagte. 1924 wurde er zum ordentlichen Professor ernannt und zwei Jahre später zum Leiter der Kirchenmusikabteilung.

In der 1963 erschienenen Festschrift *Nationaltheater München* erschienen auch Erinnerungen von Karl Amadeus Hartmann. Unvergessen blieb ihm Richard Strauss als Dirigent seiner *Elektra* oder Mozarts *Cosi fan tutte.* Auch für moderne Musik war Hartmann voll aufgeschlossen. Begeistert schwärmt er von Paul Hindemith: »Ich war jung und fühlte mich hingerissen von der jugendlichen Kraft seiner aggressiv-witzigen Kammermusik Nr. 1, die ich Anfang der zwanziger Jahre im Vier-Jahreszeiten-Saal hörte... Etwas später sah und hörte ich Hindemith selbst, als er, etwa 1925, in der Galerie Caspari (der späteren Carlton-Teestube in der Brienner Straße) mit dem Amar-Quartett eigene Werke spielte... Und dann erschien die Oper *Cardillac* im Nationaltheater. Die phänomenale Aufführung unter Karl Elmendorff, mit Erik Wildhagen als Cardillac, war eine Aufführung von idealer Vollkommenheit.«

Der geniale Dirigent Bruno Walter wurde 1922 nach Berlin berufen. Aus Dessau kam als jüngster deutscher Generalmusikdirektor Hans Knappertsbusch nach München. Mit einem Akademie-Konzert im Odeon, mit Beethoven und Brahms, stellte er sich am 2. Mai 1922 in München vor. Als Nachfolger von Bruno Walter hatte es Knappertsbusch in München vorerst nicht leicht, aber dann blieben die Münchner ihrem *Kna* immer treu.

Carl Orff zog sich 1919 nach München zurück, um ganz seinem Werk zu leben. Auch als Lehrer war er tätig, Karl Marx war der erste Schüler und wurde ein Freund. Ab 1921 studierte er nochmals ein Jahr bei Heinrich Kaminski, er beschäftigte sich jetzt nur noch mit dem Werk der alten Meister, Orlando di Lasso und Palestrina führten zu Monteverdi. Auch die moderne Tanzbewegung beeindruckte ihn, Schwabing war hier die Hochburg.

Die Uraufführung der Oper *Palestrina* von Hans Pfitzner (1869–1949) im Prinzregententheater am 12. Juni 1917 unter Leitung von Bruno Walter, mit Karl Erb in der Titelrolle, war für den Komponisten ein grandioser Erfolg. »Seine Universalität hat Pfitzner auch eine Kammermusik schreiben lassen, die als eine ganz besondere Provinz in seiner Tonwelt dasteht«, schrieb 1927 der Kritiker Alexander Berrsche.

Für den Münchner Richard Strauss

(1864–1949) begann mit der Berufung von Hans Knappertsbusch eine neue Ära der Strauss-Pflege an der Oper. Über *Richard Strauss und seine Vaterstadt* informierte 1934 ein von Egid Gehring herausgegebenes Bändchen: »Der neue Generalmusikdirektor überwältigte die Zuschauer mit grandiosen Deutungen von *Salome, Elektra* und *Rosenkavalier,* aber auch jede der nun folgenden Premieren, von denen Knappertsbusch als der berufene Strauss-Interpret keine aus

Hans Pfitzner

Richard Strauss

der Hand gab, errang, ohne daß man sich damit eines übertriebenen Lokalpatriotismus schuldig machte, im Musikalischen, Szenischen und Besetzungsmäßigen die einsame Höhe einer Musteraufführung.«

Die moderne Unterhaltungsmusik konnte in den zwanziger Jahren in München große Erfolge erringen. Als Evergreens werden die Schlager dieser Jahre auf Schallplatten und Kassetten mit hohen Auflagen angeboten. Das Café Luitpold in der Brienner Straße war das bedeutendste Konzert-Café dieser Jahre.

Schlager, die immer gerne gehört wurden, waren z. B.: *Fräulein, Pardon; Schöner*

Gigolo; Wo sind deine Haare, August; Ausgerechnet Bananen; Warum ist die Banane krumm; Ich hab das Fräulein Helen baden sehn usw. Das Orchester unter Barnabás von Géczy, das immer besonders gefeiert wurde, spielte Film- und Operettenmelodien, aber auch Musik von Haydn oder Sibelius. Neben Géczy trafen sich im *Luitpold* die Orchester Georges Boulanger, Juan Llossas oder Bernhard Etté.

VON BERT BRECHT ZU RICHARD BILLINGER

Die Revolution 1918/19 konnte sich in der Münchner Theatergeschichte nicht bemerkbar machen. Natürlich lockerten sich die Zensurschranken, um aber am Ende der zwanziger Jahre wieder zu fallen.

Der Staatstheaterintendant Clemens Frhr. von Franckenstein mußte schon am 20. November 1918 ausscheiden, Nachfolger wurde der Komiker Viktor Schwanneke. Unter ihm war der großartige Schauspieler Albert Steinrück ein Jahr lang als Schauspieldirektor tätig. Die Uraufführung von Grabbes *Hannibal,* Wedekinds *Herakles* und Georg Kaisers *Alkibiades* müssen als besondere Theaterereignisse erwähnt werden.

Im Schauspielhaus fand am 2. März 1919 die letzte Vorstellung unter der Direktion Stollberg-Schmederer statt, Max Halbes *Jugend* wurde zum 250. Mal aufgeführt. Die Direktion übernahm am 19. April die Schauspielerin Hermine Körner mit der Vorstellung *Die gefesselte Phantasie* von Ferdinand Raimund. Zum Ensemble von Hermine Körner gehörten z.B. Wilhelm Dieterle, Alexander Granach, Lothar Müthel, Adolf Wohlbrück, Karl Wüstenhagen usw. Der Tradition des Hauses entsprechend gehörte ihr Interesse dem dramatischen Schaffen der Gegenwart.

Am 25. Mai 1920 eröffnete in der Senefelderstraße die *Neue Bühne,* ein Theater auf sozialistischer Grundlage. Die Leitung hatte Eugen Felber, Dramaturg war Oskar Maria Graf, der in seinem Buch *Wunderbare Menschen* erzählte: »Strindberg und Hauptmann, Anzengruber und Wildgans spielten wir, von den Klassikern Schiller, Lenz und Nestroy; das Volksstück und das soziale Drama waren in unserem Repertoire ebenso vertreten, wie das bessere Lustspiel... Eine Glanzleistung, die in der Presse besonderen Widerhall fand, war die Aufführung von Georg Kaisers *Von Morgens bis Mitternacht* mit dem berserkerisch verkrampften Alexander Granach in der Hauptrolle.« Im Herbst 1920 wurde die großartige Schauspielerin Elisabeth Bergner an die Kammerspiele in der Augustenstraße verpflichtet. Otto Falckenberg sagte über sie: »Die Bergner ist einfach genial.« Beim Publikum aber hatte sie anfänglich keinen Erfolg, aber im *Sommernachtstraum* und in *Wie es euch gefällt*

Leo Pasetti: Figurine zu »Vasantasena« von Lion Feuchtwanger. Theatermuseum

errang sie die ersten Erfolge. Am 9. Oktober 1920 stellte sich Otto Reigbert erstmals als Bühnenbildner der Kammerspiele vor. »Die neuen Dekorationen und Kostüme sind nach Entwürfen von Otto Reigbert in den eigenen Werkstätten ausgeführt«, ist auf dem Programmzettel der Kammerspiele anläßlich der Aufführung des Dramas *Der König* von Hanns Johst zu lesen, den König spielte Erwin Kalser, die Königin-Mutter Emilia Unda a. G., die Prinzessin Sibylle Binder.

Viktor Schwanneke, der erfolglose Intendant des Staatstheaters, trat am 1. März 1920 zurück; Nachfolger wurde der fähige Theatermann Karl Zeiß, der sein Amt am 1.

Oktober 1920 antrat, jedoch schon am 13. Februar 1924 starb. Clemens von Franckenstein konnte daher am 30. April 1924 wieder als Generalintendant berufen werden.

Franckenstein hatte 1917 Heinrich Kröller als Ballettmeister engagiert. Damit begann ein beachtlicher Aufstieg des Staatsopernballetts. Neben dem Bewährten kam nun auch das zeitgenössische musikalische Schaffen zur Geltung. Kroeller versuchte eine Synthese der »Klassischen Tanzkunst mit den Bestrebungen des damals modernen Ausdrucktanzes«, schrieb Hermann Frieß 1963. Am 19. August 1921 wurde im Nationaltheater die *Josephslegende* von Richard Strauss aufgeführt, die musikalische Leitung übernahm Robert Heger; Kroeller war ein bewunderter Joseph. Generalmusikdirektor Bruno Walter lud den jungen Grazer Dirigenten Karl Böhm im Januar 1921 ein, auf Engagement zu dirigieren. Mit *Freischütz* und *Butterfly* gewann Böhm die Sympathie Walters, der die sofortige Anstellung veranlaßte. Böhm dirigierte sechs Jahre am Nationaltheater und hat dabei ungefähr 600 Aufführungen geleitet. In seinen Erinnerungen schwärmt Böhm, daß er schon im ersten Jahr eine Aufführung der *Entführung* leiten durfte, »mit einer Besetzung, die ich mir heute noch wünschen würde: Richard Tauber sang den Belmonte, Maria Ivogün die Konstanze und Paul Bender den Osmin.« Das hervorstechendste Theaterereignis des Jahres 1921 war die Uraufführung des Lustspiels *Der Schwierige* von Hugo von Hofmannsthal im Residenztheater. Bei der erstklassigen Besetzung mit Gustl Waldau,

Gustl Waldau

Hertha von Hagen, Oscar Karlweis, Elisabeth Bergner und Otto Wernicke konnte der Erfolg nicht ausbleiben. »Was bliebe von dem Stück ohne Herrn Waldau, der sich gestern noch über die von ihm gewohnte Meisterschaft des Feinkomischen erhob zu einer Genialität der intimen Menschengestaltung«, schrieb die *Münchner Post* am 10. November 1921.

Bruno Walter, Münchens gefeierter Generalmusikdirektor, wurde 1922 nach Berlin berufen. Der Abschied war von häßlichen

Otto Falckenberg

antisemitischen Kommentaren begleitet. Viele Jahre später bekennt Walter in seinen Erinnerungen: »Jene zehn Münchener Jahre, in denen ich als Opern- und Konzertdirigent mich uneingeschränkt in einer Freiheit ausleben konnten, der nur meine eigene Kunstgesinnung das Gesetz gab, erscheint mir heute an Fülle und Intensität des künstlerischen Geschehens als die fruchtbarste Zeit meines Lebens. Und der Fülle und Intensität des Gebens antwortete die freudige Wärme des Nehmens.« Als Nachfolger Walters wurde Hans Knappertsbusch berufen. Im Odeon hatte er als Gast am 2. Mai 1922 ein Akademiekonzert geleitet, im Nationaltheater dirigierte er die *Meistersinger*, die *Zauberflöte* und die *Walküre*. Mit *Tristan und Isolde* begann dann am 5. Oktober 1922 sein intensives Wirken für die Bayerische Staatsoper. Das Theatermuseum, eine Stiftung der Schauspielerin Clara Ziegler, kam nach dem 1. Weltkrieg in große Schwierigkeiten, bis der bayerische Staat am 1. August die Verwaltung übernahm. Der Aufschwung war aber eine Leistung des ersten wissenschaftlichen Leiters, des Prof. Dr. Franz Rapp. Am 29. September 1922 meldete sich in den Kammerspielen ein großer Dramatiker, der heute noch die deutsche Literatur und das Theater beeinflußt – Bertolt Brecht. Unter der Regie von Otto Falckenberg und mit den Bühnenbildern von Otto Reigbert wurde *Trommeln in der Nacht* aufgeführt. Den Heimkehrer spielte Erwin Faber als Gast. Der Theaterzettel kann mit großen Namen aufwarten, mit Maria Koppenhöfer, Hans Leibelt, Kurt Horwitz, Otto Stoeckel und Max Schreck.

Ein Jahr später wagte das Staatsschauspiel am 5. Mai 1923 die Uraufführung von Bert Brechts *Im Dickicht* im Residenztheater. Trotz der Störungen erhielt das Stück demonstrativen Beifall, der Dichter, der Regisseur Erich Engel, der Bühnenbildner Kaspar Neher und die Schauspieler Otto Wernicke und Erwin Faber mußten sich immer wieder verbeugen. Am 31. Dezember 1923 übernahm Ernst Bach die Direktion des Volkstheaters. Das musikalische Lustspiel und

Sonntag, den 19. September 1926, vormittags 11¼ Uhr

Gedenkfeier für Ludwig Christoph Heinrich Hölty

(anläßlich seines 150. Todestages)

mit Frau Felicie Hünni-Mihacsek vom Nationaltheater a. G.

abends ½8 Uhr:

Erstaufführung:

„DANTONS TOD“

von GEORG BÜCHNER

Inszenierung:

OTTO FALCKENBERG

Wir erlauben uns Ew. Hochwohlgeboren zu den Veranstaltungen einzuladen und halten bis Samstag Mittag 1 Uhr je zwei Ehrenkarten an unserer Kasse (Tel. 20974) bereit.

Mit dem Ausdruck vorzüglicher Hochachtung

ergebenst

Die Direktion der Münchener Kammerspiele im Schauspielhaus

Einladung zur Eröffnung der Münchner Kammerspiele im Schauspielhaus, 1926

der Schwank wechselten sich nun ab. Mitreißende Schauspieler wie Gretl Martin, Lotte Lang und Hugo Schrader hatten ein treues Publikum. Zusammen mit Franz Arnold war Bach ein wirksamer Fabrikant erfolgreicher Schwänke, die auch heute noch Freunde finden.

Über die Uraufführung von *Leben Eduards des Zweiten von England,* Historie von B. Brecht und L. Feuchtwanger. Nach Marlowe in den Kammerspielen am 19. März 1924 schrieb Hermann Esswein in der *Münchner Post* am 21. März: »Die Aufführung war überall gut, wo sie den altertümlichen Charakter in Tonfall und Gebärde wahrte, ja, sie war in dieser Hinsicht ganz vorzüglich... Der schwache Punkt waren die Kostüme und die geradezu erbärmliche Komparserie.« In der Titelrolle glänzte Erwin Faber, »der jetzt auch sprechtechnisch seine höchste Form erreicht hat«, neben ihm bestanden Maria Koppenhöfer und Oscar Homolka, Hans Schweikart war »ein rechtes Kabinettstückchen«.

»Es hat in diesem Stück den Anschein, als ob heute zur Jugend beinahe nur die gehör-

Otto Reigbert: Bühnenbild zu »Trommeln in der Nacht« von Bert Brecht, 1923. Theatermuseum

ten, deren Eltern geisteskrank sind oder dem Zirkusleben angehören«, schrieb *Das Bayerische Vaterland* über die Uraufführung von *Anja und Esther* von Klaus Mann am 20. Oktober 1925 in den Kammerspielen. »Darstellerisch war Toni van Eyck als die passiv Liebende, als leidende Anja von ergreifender Schlichtheit in Ton und Gebärde.«

Das Theaterereignis des Jahres 1926 war die Übersiedlung der Kammerspiele in das Schauspielhaus und die Eröffnung der Spielzeit mit *Dantons Tod* von Georg Büchner am 19. September. Die *Bayerische Staatszeitung* stellte fest: »Was Falckenberg und Reigbert in den Szenen vor dem Revolutionstribunal mit der Wirkung einer schein-

Bühnenbild von Otto Reigbert: Frank Wedekind »Lulu«. Berta Drews als Gräfin Geschwitz, Hans Schweikart als Alwa Schön, Max Schütz als Schigolch (von links); Margarethe Koeppke als Lulu (oben auf dem Steg), 1928

bar dichtgedrängten Masse und in der Bewegung und Gruppierung der Gestalten geschaffen haben, war einfach erstaunlich. Man stand im Banne einer starken Leistung...« Otto Framer als Robespierre, Kurt Horwitz als St. Just und Hans Schweikart als Desmoulins werden besonders gerühmt.

Bei der Erstaufführung der Oper *Cardillac* von Paul Hindemith am 15. Juni 1927 im Nationaltheaer stellte der Kritiker des *Bayerischen Vaterlands* eine »sehr eigenartige Musik« fest. Erheblich wohlwollender aber war die *Staatszeitung*: »Die Titelrolle sang Herr Wildhagen mit seinem großen durchdringenden Bariton, und er suchte auch der Dämonik seiner Rolle gerecht zu werden... Vor diskret andeutenden Dekorationen Leo Pasettis hatte Max Hofmüller den *Cardillac* als düstere Nachtoper inszeniert.« Der Dirigent Karl Elendorff und die Sänger wurden gefeiert. Einen handfesten Theaterskandal gab es am 16. Juni 1928 bei der Erstaufführ-

Residenztheater: »Karl und Anna« von Leonhard Frank, 1929

rung der Jazzoper *Jonny spielt auf* von Ernst Krenek im Theater am Gärtnerplatz. Kammersänger Alfred Jerger, der den Jonny sang, erinnert sich: »Stinkende Eier und faule Äpfel wurden auf mich zugeschleudert, Knallfrösche und Stinkbomben platzten überall im Hause, Frauen wurden ohnmächtig, Männer, die verschiedener Meinung waren, begannen aufeinander loszuschlagen, Polizisten drangen ein, aber auch sie wurden attackiert...«

Bei der Erstaufführung von Frank Wedekinds *Lulu* im Schauspielhaus am 26. November 1928 spielte Margarete Koeppke die Lulu, Kurt Horwitz den Dr. Schön, Berta Drews die Gräfin Geschwitz. Erstaunlich das Kompliment des *Völkischen Beobachters:* »Margarete Koeppke, lyrisch und mädchenhaft, konnte jene dämonische Kraft nicht aufbringen, die die Therese Giehse allein in einem einzigen Liede dem Publikum vermittelte.«

Kammerspiele (Will Dohm): »Rauhnacht« von Richard Billinger. Bühnenbild von Alfred Kubin, 1931

Die Erstaufführung der *Dreigroschenoper* von Bert Brecht, mit der Musik von Kurt Weill, in der Inszenierung von Hans Schweikart wurde am 20. Juli 1929 ein großer Erfolg der Kammerspiele. Ein Jahr später, am 17. September 1930, wurde die 100. Aufführung geboten. Die *Münchner Post* berichtete: »Die Münchener Aufführung unter Schweikarts Regie bringt keinen Versager. Als erster Schaufuß aus Berlin für den Peachum, gegen das Ende hin immer mehr wachsend.« Besonderes Lob erhielten noch Therese Giehse, Kurt Horwitz und Maria Bard.

»Wir können stolz darauf sein, daß München dieses kühne Werk gewagt hat«, schrieb die *Staatszeitung* über die dramatisch-chorische Vision für Wort, Tanz, Licht, *Totenmal* von Albert Talhoff im August und September 1930 in der umgebauten Halle VII im Ausstellungspark. Mit der Hundekomödie *Sturm im Wasserglas* spielte sich Bruno Frank in die Herzen der Münchner. Die Aufführung am 22. September 1930 fand sogar den Beifall des *Völkischen Beobachters*, der sich abschließend eine Gemeinheit nicht verkneifen konnte: »Das Publikum, bereits umstrahlt von der Weihe der hohen israelitischen Feiertage, klatschte sich vor Vergnügen die Hände wund!«

Am 1. Juli 1931 begann ein Riesenerfolg für das Deutsche Theater. Das Singspiel *Im Weißen Rößl* von Ralph Benatzky, in der Inszenierung von Erik Charell, mit Max Hansen als Leopold, brachte es auf 500 Aufführungen. Die Bühnenausstattung zur Uraufführung des Schauspiels *Rauhnacht* von Richard Billinger am 10. Oktober 1931 in den Kammerspielen entwarf Alfred Kubin. Otto Reigbert »war gerade im wesentlichen, den Masken, echt kubinisch geblieben«.

Mit dem Jahr 1933 ging Münchens große Zeit des Theaters vorläufig zu Ende. Große Künstler mußten die Stadt verlassen, die Zensur linientreuer Parteigenossen verhinderte Aufführungen von Brecht, Bruckner oder Döblin, aber auch Schillers *Wilhelm Tell* konnte Tyrannen gefährlich werden.

GROSSE KUNST AUF KLEINEN BÜHNEN

»Mehr noch als anderwärts will der Fremde gerade in München Volkstum studieren, bajuvarische *Echtheit* kennenlernen, Gemütlichkeit genießen«, ist über *Münchens Volkssänger* in der *Neuen Süddeutschen Illustrierten* am 23. Juni 1922 zu lesen. Als Meister ihres Fachs werden, auch bildlich, Karl Valentin und Liesl Karlstadt, Eringer Seppl, Weiß Ferdl, Alois Hönle, August Junker, Hans Albrecht und Alfred Sigl vorgestellt.

In der Münchner Vorstadt Au wurde Karl Valentin am 4. Juni 1882 geboren. Zuerst war er Schreiner, Zitherspieler, Musical-Clown, Couplet-Sänger und Spaßmacher in kleinen Wirtschaften. Der große Durchbruch zum Ruhm gelang am 2. April 1924 in den Kammerspielen in der Augustenstraße mit den *Raubrittern vor München*. »Ein wunderbares Stück, eine außerordentliche Viecherei«, schrieb Hermann Hesse. Lion Feuchtwanger setzte dem Komiker Balthasar Hierl (Karl Valentin) 1930 in seinem Roman *Erfolg* ein literarisches Denkmal. »Dieser Valentin hat nicht seinesgleichen«, stellte Franz Blei fest.

Ein ganzer Kerl war er, der Ferdinand Weißheitinger, der Weiß Ferdl, 1883 in Altötting geboren. 1921 übernahm er zusam-

Karl Valentin und Liesl Karlstadt

men mit dem Eringer Seppl die Direktion des *Platzls.* »Immer wieder brachte er etwas Neues, ob er politische Zustände verulkte, ob er die Preußen frotzelte, den Verkehr oder die Ratschn im Milchladl – allabendlich saßen die Leute dicht gedrängt im Platzl. Im Sommer klatschten die Fremden Beifall, im Winter genossen seinen Humor lachend die Münchner«, schrieb Joseph Maria Lutz.

Viele Münchner Volkssänger wären noch aufzuzählen; viele hatten Schwierigkeiten im Dritten Reich, nach dem Krieg waren sie nicht mehr gefragt. Die Tradition der Volkssänger hält heute nur noch ein Mann aufrecht – der Blädel Schorsch.

Der internationale Humor fand in München im Deutschen Theater in der Schwanthalerstraße eine ideale Pflegestätte. Hans Gruß war der große Zauberer. In einer Festschrift wird 1960 berichtet, daß am 26. September 1921 der 25jährige Geburtstag gefeiert wurde: »Es folgten Varieté-Programme mit den in aller Welt berühmten Spitzenkräften wie: Charlie Rivel, Enrico Rastelli, Sylvester Schäffer, Grock; Anna Pawlowa tanzte; Josephine Baker trat damals zum ersten Male in Deutschland im Deutschen Theater auf. Die Tiller-Girls ergänzten die Programme und die eigenen Revuen des Deutschen Theaters wie *Gruß an Alle, Du und ich, Nacht der Nächte, Hans im Glück* mit Max Hansen, Der *Liebe Augustin* mit Leo Slezak, *Sissy* und nicht zu vergessen *Das weiße Rößl* mit Max Hansen und Willi Schäffers, das allein 500 Aufführungen erreichte.«

Am 7. August 1929 starb Kathi Kobus, die Gründerin (1902) der Künstler-Kneipe *Simplicissimus* in der Türkenstraße. Aber der Simpl lebte weiter. 1932 schrieb René Prévot: »Wahre Bohème aber stirbt niemals aus. Sie wird so alt werden wie ihr ewiges Gegenstück: Philistertum.«

Münchner Kleinkunstbühnen stellte die *Illustrierte Fremden-Zeitung* am 29. November 1924 vor. Ausführlich werden die Künstlerinnen und Künstler der *Bonboniere* gewürdigt, die heute vergessen sind; nicht dagegen erlitt dieses Schicksal Peter Kreuder, der, »als stummer, viel tragender Piccolo bewies, daß er nicht nur fabelhaft musizieren, sondern auch ausgezeichnet Komödie spielen kann«. Neben vielen anderen Kleinkunstbühnen verschwand auch das *Tabarin Luitpold*. Die *Fremdenzeitung* berichtete: »Im Tabarin Luitpold mit seinen ganz auf Gemütlichkeit abgestimmten Beleuchtungseffekten und einer intim gehaltenen, architektonisch aber doch großartig wirkenden Innenausstattung verlebt man immer einige gemütliche Stunden, auch wenn keine Darbietungen zu sehen wären, denn die Kapelle Kohl-Boosé weiß mit Humor und Rhythmus, was man allgemein gesagt mit ›Schmiß‹ bezeichnet, uns auch so zu unterhalten. Trotzdem empfindet man Friedl Funkes Tanzkunst als ganz reizende Beigabe...«

DIE FILMSTADT GEISELGASTEIG

»München ist mit seiner Filmindustrie in der Gesamtheit der deutschen Unternehmungen, deren Zweck die Herstellung von Film ist, heute die zweite deutsche Filmzentrale«, schrieb Hans Spielhofer 1924 in der Zeitschrift *Das Bayerland:*

»Die Münchener Filmindustrie kam erst auf die Beine, als der Krieg zu Ende war. 1919 ist das entscheidende Jahr für die Entwicklung Filmmünchens. Es ist das Jahr, in dem die ersten ausreichenden Kopieranstalten und Aufnahmeanstalten in und um München entstanden, wo im Norden Schwabings das Glashaus Bavaria, in Nymphenburg das Filmatelier Nymphenburg, in Grünwald das Atelier der gleich Robert Reinert von Berlin nach München geflohenen Stuart-Webbs-Film-Ges. und in Geiselgasteig das Filmgelände der Münchener Lichtspielkunst aus dem Boden gestampft wurden. Diesen Vorbereitungen der Selbständigkeit Filmmünchens folgte 1920 der Zusammenschluß führender Firmen zum Konzern *Münchener Lichtspielkunst (MLK,*

Die neue Fassade des Atlantik-Palast

Emelka) unter Beteiligung der führenden Münchener Banken...«

Im April 1924 konnten sich die Münchner an dem Meisterwerk von Fritz Lang *Die Nibelungen 1. Film Siegfried* in den Sendlingertor- und in den Rathaus-Lichtspielen erfreuen. Die Lichtspiele Dachauer Straße 16 brachten das Drama in 5 Akten *Die Flammen* unter der Regie von Ernst Lubitsch, mit Pola Negri in der Hauptrolle. 1920 spielten in München 55 Filmtheater, 1927 war die Zahl auf 66 Filmtheater angewachsen, 21924 Sitzplätze standen zur Verfügung, auf denen im Januar 842130 Besucher saßen (München zählte 1927 692000 Einwohner). Es gab auch spannende Filme zu sehen, im März 1927 z. B. zeigten die Augusta-Lichtspiele *Pat und Patachon als Millionär,* die Bavaria-Lichtspiele *Charleston ist Trumpf,* das Emelka-Theater *Walpurgisnacht,* die Filmburg *Ben Hur,* der Filmpalast *Panzer Potemkin,* der Gloria-Palast *Liebelei,* das Imperial-Theater *Vorsicht, ich bin verheiratet,* die Kammer-Lichtspiele *Erinnerungen einer Nonne,* das Marmorhaus *Der Dampfer Kolumbus,* der Phoebus-Palast *Prinz Louis Ferdinand,* die Rathaus-Lichtspiele *Buster Keaton, der Boxer.*

Über *Atelier und Aufnahmegelände* ist in der 1928 erschienenen Schrift *Deutschlands Filmindustrie* der Emelka zu lesen:

»Das Atelier ist zum Unterschied von anderen Filmateliers ebenerdig, so daß man bei größeren Dekorationen ohne weiteres frei hinausbauen kann. 16 m breit und 9 m hohe Tore zu beiden Längsseiten und ein 7 m breites und 9 m hohes Tor an der Stirnseite gestatten die größten Aufbauten, die zum Teil im Freien aufgestellt werden können... Der Atelierbau, 30 m lang, 18 m breit, hat eine kombinierte Luft- und Warmwasserheizung, die es ermöglicht, den Raum, selbst bei stärkster Kälte, innerhalb einer halben Stunde auf 18 Grad zu erwärmen. Die Lichtanlage steht auf der Höhe der Beleuchtungskunst. Sie benützt 5000 Ampère Wechselstrom, 1000 Ampère Gleichstrom durch einen Lampenpark von Hunderten von Efa-, Jupiter-, Weinert- und gekuppelten Oberlichtlampen, von Effekt- und Kulissenlampen.«

RADIO DEM VOLKE

In der ersten Nummer der *Bayr. Radio-Zeitung* vom 3. August 1924 gab Josef M. Jurinek, ehrenamtlicher Pressebeirat der *Deutschen Stunde in Bayern,* Geleitgedanken zum Thema *Radio dem Volke:*

»Wenn der Satz wahr ist, daß erst dann eine Neuheit etwas gilt, wenn sie Allgemeingut geworden ist, dann muß Radio hoch im Kurse stehen, denn am Radio hängt, nach Radio drängt heute alles. Darum ist eben der Rundfunk ein ungeheuerer Kulturfaktor, weil er grenzenlos und sein Verbreitungsgebiet der Weltäther ist.«

1930 schrieb Ministerialrat E. Walberer in der Zeitschrift *Der deutsche Süden* über den bayerischen Rundfunk:

Motiv für Faschingszug

»Die Genehmigung zum Betrieb einer Sendeanlage in München wurde der Deutschen Stunde in Bayern von der Reichspost am 21. November 1923 in der Form eines Vertrages erteilt. Nach dem Inhalt des Vertrages stellte die Reichspost der Gesellschaft Sendeanlagen zur Verfügung und übernahm gegen Zahlung einer Pauschgebühr auch den technischen Betrieb. Die Gesellschaft verpflichtete sich, täglich ein Unterhaltungsprogramm von mindestens zwei Stunden zu senden... Auf Grund der Genehmigung wurde am 30. März 1924 der Sender in München, am 2. August des gleichen Jahres der Sender in Nürnberg, am 1. September 1927 der Sender in Augsburg und am 24. Februar 1928 der Sender in Kaiserslautern in Betrieb genommen... Mit einer Stunde Sendezeit fing es in Bayern an, heute wird durchschnittlich während 12 Stunden gesendet. Zwei Zimmer im 4. Stock des Verkehrsministerialgebäudes bildeten die ersten Senderäume, die Verhältnisse zwangen im Laufe der Jahre, ein eigenes Sendegebäude zu errichten. Mit 327 Teilnehmern eröffnete die Deutsche Stunde in Bayern ihren Betrieb, am Ende des Jahres 1929 waren es 202850.

Otto Willi Gail, ein Pionier des bayerischen Rundfunks, erzählte 1949 in der Broschüre *So lang der alte Pe...:*

Erst im sechsten Lebensjahr des Bayerischen Rundfunks konnten wir es wagen, das Mikrofon aus der Obhut des Senderaums hinauszutragen an die frische Luft, und so stand ich im Mai 1931 zum ersten Male auf dem Dach eines primitiven »Gerätewagens«, um von der Einweihung des Münchner Flughafens durch eine Kunstflugveranstaltung auf dem Oberwiesenfeld zu berichten. Geschlagene neunzig Minuten mußte ich reden, ununterbrochen, ohne Manuskript, ohne Vorbereitung... Ins gleiche Jahr 1931 fiel auch das erste frei gesprochene Großinterview: ein Fünfzig-Minuten-Gespräch mit Professor Piccard. 82 Sender waren bei dieser ersten, von Bayern ausgehenden europäischen Sendung gleichzeitig angeschlossen.«

LITERATURVERZEICHNIS (Auswahl)

Josef Achmann (1885–1958). Gemälde und Graphik. Ausstellung 1979. – Regensburg: Museum 1979.

50 Jahre F. C. Bayern München. Zur Jubiläumswoche 1950. – München 1950.

Beblo, Fritz: Neue Stadtbaukunst. München. – Berlin 1928.

Berrsche, Alexander: Trösterin Musika. – München: Rinn 1949.

Breuer, Peter: Münchner Künstlerköpfe. Mit 477 Abb. – München: Callwey 1937.

Bumke, Oswald: Erinnerungen und Betrachtungen. – München: Pflaum 1952.

Karl Caspar, 1879–1956. Zum hundertsten Geburtstag. – Langenargen: Museum 1979.

Chronik des Deutschen Museums von Meisterwerken der Naturwissenschaft und Technik. – München: Selbstverlag 1927.

Der Maler Oskar Coester. Ausstellung 1978/79. – München: Bayerische Akademie der Schönen Künste 1978.

Denk ich an München. Ein Buch der Erinnerung. Herausgegeben von Hermann Proebst und Karl Ude. – München: Gräfe und Unzer 1966.

Dörfler, Ferdinand: Vom Königlichen Theater am Isartor zum Atlantik-Palast. Festschrift. – München: Selbstverlag 1931.

Egk, Werner: Musik – Wort – Bild. – München: Langen-Müller 1960.

Emelka – ein Musterbetrieb aus Deutschlands Filmindustrie. – München: Emelka 1928.

Engert, Ernst Moritz: Schwabinger Köpfe. Scherenschnitte. – Hannover: Steegemann 1921. – (Die Silbergäule. Band 80/82.)

Michael Kardinal Faulhaber, 25 Bischofsjahre. Herausgegeben vom Priesterverein der Erzdiözese. – München: A. Huber 1936.

Festschrift zum 50jährigen Bestehen der Akademie der Tonkunst in München, 1874–1924. – München: Selbstverlag 1924.

Festschrift zu den Europameisterschaften. Veranstaltet von der Dama. – München 1930.

Festschrift zum 150jährigen Jubiläum, 1811–1961. Musikalische Akademie. – München: Selbstverlag 1961.

Offizieller Führer durch Münchens Kunst und Kunst-Gewerbe. – München: Kaiser 1922.

Willi Geiger. Eingeleitet von Friedrich Eggler. – München: Bayerischer Volks-Verlag 1928. – (Kunst der Zeit.)

Willi Geiger. Ausstellung 1958. – München: Städtische Galerie 1958.

Geist und Gestalt. Biographische Beiträge zur Geschichte der Bayerischen Akademie der Wissenschaften. Band 1. Geisteswissenschaft. – München: C. H. Beck 1959.

Graf, Oskar Maria: Gelächter von Außen. Aus meinem Leben 1918–1933. – München: Desch 1966.

Hafner, Max: Der Münchner Fasching. – München: Süddeutscher Verlag 1953.

Hallgarten, George W. F.: Als die Schatten fielen. Memoiren 1900–1968. – Berlin: Ullstein 1969.

Hallstein, Willy: Schwabing. 10 Radierungen. – München: Bavaria-Verlag 1922.

Hendschel, Richard: Einige Erlebnisse und Erfahrungen im Kunstreferat aus den Jahren 1915–1955. – Maschinen-Manuskript.

Hofmiller, Josef: Revolutionstagebuch 1918/19. – Leipzig: Rauch 1938.

Hollweck, Ludwig: Unser München. Ein Lesebuch zur Geschichte der Stadt im 20. Jahrhundert. – München: Hugendubel 1980.

Hollweck, Ludwig: Was war wann in München. Stadtgeschichte in Jahresporträts. 2. Auflage. – München: Unverhau 1972.

Die Zwanziger Jahre in München. Katalog zur Ausstellung im Münchner Stadtmuseum Mai bis September 1979. Herausgegeben von Christoph Stölzl. – München: Stadtmuseum 1979. – (Schriften des Münchner Stadtmuseums. 8.)

Zwanziger Jahre. Bücher & Objekte. Das politische Buch. Gemeinschaftskatalog. – München: Koldewey, Berlin: Braecklein 1977.

Jurinek, Josef H.: Ausstellung Heim und Technik München 1924. Schlußbericht. – München 1924.

Das Karl-Valentin-Buch. Erstes und einziges Bilderbuch von Karl Valentin über ihn und Lisl Karlstadt. – München: Knorr & Hirth 1932.

Klee, Felix: Paul Klee, Leben und Werk in Dokumenten. – Zürich: Diogenes-Verlag 1960.

Krafft, Ludwig: München und das Puppenspiel. – München: Akademie für das graphische Gewerbe 1961.

Erwin von Kreibig. Gemälde und Zeichnungen. Ausstellung 1930. – München: Die Juryfreien 1930.

Kraut, A. [d.i. Julius Kreis] und K. Würstl: Rund um die Frauentürme. – München: Braun & Schneider 1922.

Kunst und Kunsthandwerk. Meisterwerke im Bayerischen Nationalmuseum. Festschrift zum hundertjährigen Bestehen. – München: F. Bruckmann 1955.

Kunst und Technik in den 20er Jahren. Neue Sachlichkeit und gegenständlicher Konstruktivismus. Ausstellung Juli/August 1980. Katalog: Helmut Friedel. – München: Städtische Galerie 1980.

Lamm, Hans: Von Juden in München. Ein Gedenkbuch. – München: Ner-Tamid-Verlag 1958.

Laux, Karl: Josef Haas. – Düsseldorf: Progress-Verlag 1954.

Internationale Ausstellung Das Lichtbild. – München: Münchener Bund und Verein Ausstellungspark 1930.

Liess, Andreas: Carl Orff. Idee und Werk. – Zürich: Atlantis-Verlag 1977.

Ludwig - Maximilians - Universität München 1472–1972. Geschichte, Gegenwart, Ausblick. – München: Süddeutscher Verlag 1972.

Lutz, Joseph Maria: Die Münchner Volkssänger. Ein Erinnerungsbuch. Nach einer Sammlung von Erwin Münz. – München: Süddeutscher Verlag 1956.

Moenius, Georg: Kardinal Faulhaber. – Wien, Leipzig: Reinhold-Verlag 1933.

Müller, Karl Alexander von: Im Wandel einer Welt. Erinnerungen 1919–32. – München: Süddeutscher Verlag 1966.

München. Unsern Gästen. Originalradierungen. – München: Fremdenverkehrsverband 1928.

Unser München. [Urteile] – München: Verkehrsverband 1930.

Müller-Meiningen, Ernst: Aus Bayerns schwersten Tagen. – Berlin: de Gruyter 1924.

150 Jahre Bayerisches Nationaltheater. Festschrift. – München: Hirth 1928.

Objekte der Zwanziger Jahre. Ausstellung Stuck-Villa, 13. Dezember 1973–24. März 1974. Katalog: Gabriele Sterner. – München: Stuck-Jugendstil-Verein 1973.

Preiss, L.: 100 × München. [Fotos.] – Berlin: Verlag der Reihe 1929.

Josef Scharl. Ausstellung 1976. – Dortmund: Museum am Ostwall 1976.

Scher, Peter und Hermann Sinsheimer: Das Buch von München. – München: Piper 1928. – (Was nicht im Baedeker steht. Band 3.)

Schramm, Wilhelm von: Die Bücherkiste. Das literarische München 1919–1924. – München: Langen-Müller 1979.

Saedler, Heinrich: Richard Seewald. – München-Gladbach: Führer-Verlag 1924.

So lang der alte Pe... Ein Jubiläumsspaziergang hinter die Kulissen des Bayerischen Rundfunks. – München: Pflaum 1949.

Stehkämper, Hugo: Konrad Adenauer als Katholikentagspräsident 1922. – Mainz: Matthias-Grünewald-Verlag 1977.

Richard Strauss und seine Vaterstadt. Herausgegeben von Egid Gehring. – München: Manz 1934.

Udet-Flugzeugbau München. – München: A. Huber 1926.

Wagner, Hans: 200 Jahre Münchner Theaterchronik, 1750–1950. München: Lerche 1958.

Weiss, Josef: München für Einheimische und Fremde. – Kempten: Kösel & Pustet 1922.

Willstätter, Richard: Aus meinem Leben. – Weinheim: Verlag Chemie 1949.

Zahn, Leopold: Josef Eberz. – Leipzig: Klinkhardt & Biermann 1920. – (Junge Kunst. Band 14.)

Die Zeit ohne Eigenschaften. Eine Bilanz der zwanziger Jahre. Herausgegeben von Leonhard Reinisch. – Stuttgart: Kohlhammer 1961.

Zentner, Wilhelm: Sechzig Jahre Münchner Philharmoniker 1893–1953. – München: Philharmoniker 1953.